後設認知×心理安全
培育次世代人才的關鍵要素

# 最高腦科學教養

改革系日本教育校長
工藤勇一
×
日本腦神經科學家
青砥瑞人 著
林安慧 譯

最高腦科學教養：後設認知×心理安全，培育次世代人才的關鍵要素●目次

# 第2章

# 創造孩子能安心的環境——

停止貼上會誘發自我否定的標籤
別提供不需要的協助
讓孩子的心靈有地方寄託
牽動心理安全感的正確讚美方式
提升預測精準度可減少壓力
學校是體驗錯誤與失敗的場所
教導孩子拆解問題的方法

第3章

# 什麼是後設認知？——自我成長不可缺的技能



什麼是後設認知？
客觀與鳥瞰的差別
越是沒有習慣面對自己的人越會卸責
難以內省的理由
容易依賴外部評價的「自己」
後設認知只能由擁有後設認知能力的人傳授
鍛鍊後設認知的理想主題①「糾結」

第4章

# 鍛鍊孩子後設認知能力的方法

# 序章

# 教育現場究竟發生了什麼事？

# 思考教育的本質

科技正以我們想像不到的速度進步，同時也讓經濟、社會結構產生巨大變革，要是還受限於過往的常識，就會與時代產生嚴重落差，無法順利融入的問題就頻繁出現在社會各個層面。

更不用說還有突如其來的新冠肺炎疫情襲擊，現代人面對這前所未有的嚴重事態，人們在困惑之餘也無可奈何地，只能夠拚命地在錯誤中摸索持續不停向前進。

在這樣變化劇烈的時代裡，最應該擺在第一位的個人素質，不就該是自己思考、判斷並採取相應行動嗎？而我也將之稱為「自律」。

由於整個世界也在加速腳步地全球化和多樣化，儘管目前暫時因疫情處於中斷、隔離的階段，但也已經不再是以國家來考量事物，而是以整個地球的角度做思考才是理所當然的年代，該怎麼樣來守護地球環境？該怎麼樣消除飢饉？該怎麼樣弭平紛爭？這些全都會需要以地球村的角度來進行思考。

因此首先必須要認可多元思考、特色，更不能不具有「尊重」他人的特質。

我在擔任千代田區立麴町中學的校長時，曾經在學校裡立下的教育目標就是「自律」、「尊重」以及「創造」，其中第三項的創造指的是「擁有豐富發想力，誕生出新價值」的意思，也可以視為是在實現了自律以及尊重之後而跟著成立的部分。

因此如此看來，最為重要的自然就是「自律」以及「尊重」了。

教育目標是該校學生、家長、全體教職員應該一起面對的共通目的，也應該是經營學校時最該重視的部分，很可惜的是教育目標儼然已經形式化，不難發現當今有許多學校是任由教職員們依照各自價值觀進行不同調的教導，或者是樹立與時代不符的目標，並強制孩子們達成目標。

要是學校的首要目的能夠是**「幫助孩子學會在社會上生存的能力」**的話，那麼教育目標配合時代演進而經常性地更新，那樣才是最正確的作法。

順帶一提，麴町中學的教育目標，就是依據OECD（經濟合作暨發展組織）所制訂的教育方針——面向二〇三〇的教育框架 Learning Framework 2030 而定。

- Taking Responsibility 負責任的行動力（靠自己思考、判斷並採取行動→「自律」）
- Reconciling Tensions & Dilemmas 克服爭執、困境的能力（尊重多樣性，接受爭執、困境＝「尊重」→在共同目的下達成同意）
- Creating New Value 創造新價值的能力（面對對立課題能夠產生新的結構或技術來解決→「創造」）

OECD認為要能夠培養出這三樣特質，最為重要的部分就是所謂的「agency」，用比較容易理解的說法就是「自我意識」。

擁有自我意識的孩子們在出社會以後，首先會做的就是實現一個幸福的社會。

## 缺乏自我意識的日本人

反觀日本，由日本財團所做的「十八歲意識調查」當中，有一項「社會或國家的意識調查」，其調查是以各國十七至十九歲男女一千人為對象，共計九個國家的比較，並於二〇一九年十一月三十日公開發表結果。

在日本年輕人的數據中，認為「自己是大人」的回答僅僅不到三成而已，相比中國約九成、歐美約八成的比例來說，日本連五成都不到。

回答認為「自己是負責任的社會的一員」的年輕人，與其他國家都差不多有近九成的比例相較，只有日本是連過半數都沒有。

回答「自己能夠改變國家或社會」的年輕人僅有約百分之十八，而認為會「對於社會議題，會積極地與家人朋友等周遭人等進行討論」的年輕人則占約百分之二十七，比例相當低。

面對調查中所有的提問，只有日本年輕人的回答結果格外的低，這是因為在日本受教育的年輕人大多數都表示「除了不認為自己是需要對社會負責任的大人以外，也不認為自己能夠改變社會甚至是國家，因此對於社會議題的關注也很低」。

順帶一提，在這項意識調查中還有其他的提問項目，在「對於自己國家的未來怎麼看？」這一題，回答「會更好」的年輕人僅有百分之九・六成為九個國家當中最後一名，另一方面在「有想過要怎麼為國家貢獻心力嗎？」這個問題中，回答「沒有想要貢獻國家」的年輕人是百分之十四・二，也是九個國家裡比例最高的。

這樣的結果實在很令人難過。

如果用一句話來概括這個調查結果，那就是現今的日本年輕人完全欠缺自我意識。

「無論是社會還是國家的未來，就連自己個人的幸福，在身邊周遭的某個人一定會有辦法的！」

「社會要是有什麼問題，或者是自己變得很不幸，那一定都是身邊的大人害的！」

接受日本學校教育的孩子們，很容易就會擁有這樣**極端被動的思考迴路**。

當然了，如果依照這樣的調查結果認為「現在的孩子很不像話」，而將責任轉嫁到孩子們頭上就完全錯誤了。這正是因為欠缺了自我意識，可千萬別忘記，孩子們的意識其實也就是我們大人所呈現出來的一面鏡子。

如何增加更多捨棄被動的想法？可以自己判斷並發起行動的自律的日本人，這可是當前日本應致力研究的緊急課題。

對我個人來說，深信最具有影響力的解決方法就是從根本來改變學校教育，為了能夠實現這樣的目標，儘管一己之力相當微薄，還是會持續地進行著各種行動。

## 對孩子管太多的直升機父母

那麼日本為什麼會教育出沒有自我意識的孩子們呢？

我認為主要就是因為包含教育在內，日本整體社會都發展成過度服務產業化了，做為大人的我們，對孩子們插手管得太多了，越是被管得多的孩子就越難以自律，自己一有不順的時候也容易會怪罪到別人的頭上。

好比說在早期教育這部分，就依舊是討論熱烈。

「為了孩子，應該給予更良好的就學環境！」

「應該盡可能地提高孩子的能力！」

「擔心孩子居於弱勢，想要插手幫忙！」

憂慮自己的孩子的將來，對於做父母的來說是理所當然的事情，但是如果周圍大人不斷地說「去做那個」、「去做這個」、「那個不行」、「這個不行」，就沒有辦法讓孩子擁有自己做決定的機會，自然也就無法培育出能夠自己思考的能力，或者是挑戰新事物的心態。就算是依照大人的安排順利進入所謂的一流大學，但是如果按照原有態度，在變化如此劇烈的社會中是否真的能夠靠一己之力生存呢？

在過度干預之下所教養出來的孩子，在面臨到某個問題時，完全無法產生「這個狀況可以靠自己想辦法處理」的念頭，而只是會一味地要求「給我更多幫助」，要是沒有獲得滿意的回應，還會反過頭來抱怨「幫忙得不夠」。

來舉一段不少家庭平常早晨會出現的對話。

這是一個擔心女兒每天早上無法準時起床，卻又叫不起來的媽媽。

媽媽：「早上了，起床囉！」

女兒：「……」

媽媽：「妳快點給我起床，要是遲到我可不管妳！」

女兒：「唉唷、吵死了，不要管我……」

媽媽：「那我就真的不管妳了喔！」

女兒：「吵死了、吵死了……」

接著過了該起床的時間，完全遲到的時候女兒起床了——

女兒：「為什麼不叫我啦，這樣都遲到了！」

已經習慣被媽媽提醒要起床的女兒，反過來抱怨媽媽的服務做得還不夠，孩子只要一旦習慣了被動接受，那麼每一件事都會變成上述的結果。

在日本的學校裡，部分學生們講的話的內容就很值得矚目。

「那個老師的教學方法太糟，害我無法學習！」

「都是因為那個導師不好，班上同學相處得很差！」

「這間學校的奧援做得不好，我沒有辦法融入整個班級！」

而且會重複不斷發生，無法自律的孩子只要一個不順心，就很容易怪罪他人，而共通的部分就是會厭惡自己，並且有濃濃的自卑情緒，這些討厭自己的孩子也就無法喜歡他人，因此很容易在中學生這個階段的孩子身上看到「討厭老師」、「討厭爸媽」、「大人無法信賴」的狀況。

該怎麼幫助這些喪失「自律」的孩子們，重新找回自己思考、採取行動的能力，應該採取怎麼樣的做法，讓他們會喜歡自己並尊重別人，麴町中學一直以來都十分認真地研究的課題。

## 別有目的的教育方式，讓學校變得奇怪

培養孩子成為自律的人，具備生活技能的觀點，也是文部科學省所設定最為優先的目標，但是在教育現場卻完全沒有落實，甚至對於會阻礙孩子發展自律的事情，還視為理所當然而放縱不管，這也讓過度插手管教的問題越來越惡化。

原因就在於，在教育的各個層面上發生了手段目的化。

最大的一個象徵就是考試至上主義。

在學習指導綱領中清楚明列，為了培育出懂得自律的孩子，應該要針對智育（知識）、德育（道德）以及體育給予均衡的教導，先不論這樣的方式是否為最佳解決方法，實際在現場所進行的就是僅注重智育的極端教育，提高考試分數變成了學校的目的，眾多

學校紛紛積極於盡可能地對孩子強行灌輸知識，提高答題寫考卷的能力。

而且要是沒有發覺到「提高分數成為了學校的目的」是多麼驚人的誤解，接下來還會持續使用該手段，不斷讓孩子在卡關的地方反覆練習。

本來應該是孩子靠自己來做判斷，因為「對這部分不是很懂，那就來重新學習一次」，自發性的在需要的部分反覆練習才對，可是在這一點上，學校老師卻是基於雞婆或看不慣，而將學生複習的過程變成為「命令」，致使孩子變得無法靠自己去學習。

同時還因為提高考試分數成為學校的目的，增加上課時間也就變成大多數學校採行的一個手段，這樣的手段長年累月使用下來，最終也跟著演化成目的。

所以才會產生出「長時間坐在書桌前是正確的事情」這麼嚴重的誤解。

回頭重新審視，當初就是因為OECD的國際學生能力評估計畫中，日本與芬蘭有極大的差距而以此為契機，日本的學校大幅度增加功課作業份量，並且還另外增加各式各樣的反覆練習的結果，讓日本終於趕上了芬蘭。

可是要是冷靜下來再想一想，芬蘭的學校其實課業並不多，下課以後也不必上補習班，而是注重孩子們的主體性，讓他們自行摸索出包含學習在內，最為適合自己的行為模式，芬蘭整個社會都擁有這樣的共識並徹底去執行，從而能夠達成孩子自律且學習力提升的結果。順帶要告訴大家的是，芬蘭在聯合國的世界幸福報告排行榜上還是全球第一名。

原本日本也應該跟芬蘭一樣，研究該如何以較少的時間達成結果的方法，然而日本的學校卻是以增加學習時間來提高成果，這不僅僅是忘記了教育本質，更是與目前的工作模式改革完全背道而馳。

讓學校變得奇怪的手段的用意，其實還能夠舉出許多案例。

- 強制要寫課堂筆記，還會檢查跟評分
- 強制要寫日誌，每天檢查
- 為了打成績會定期考試
- 班導制度
- 作文（年度的檢討與回顧）
- 在學籍年度開始之際，要求寫下個人目標，公告在教室牆上
- 偏重心靈教育，不在乎行為後果的道德觀

・對服裝、頭髮的不合理暗黑校規
・以合作為目的卻幾乎無人閱讀的校刊製作
・製作學級目標、學年目標等口號
・比起隊長的領導，更加重視追隨者指揮的特殊活動
・校門口每天早上的打招呼運動
・不說話打掃・不說話用餐（新冠疫情發生前的狀況）

這部分在我寫的書裡都已經提過非常多，所以就不一一仔細說明理由了，但是在這裡會希望大家針對下列這三個觀點重新檢視：

「有沒有妨礙自律與尊重的教育行為呢？」
「有沒有已經喪失既有目的的活動呢？」
「有沒有缺乏效率、無益的行為呢？」

我在改進麴町中學的經營方針上，就經常會意識到上述這三個觀點，並聯合孩子們與

家長、教職員一同來進行制度改革，逐步地將前面提過的那些規矩一一廢除。

面對一連串的改革，經常會聽到「麴町校方很重視學生自由啊！」的評價，但是我們的目的並不是為了自由，而是要回歸教育的本質，重新審視學校應該有的作用之下，最終產生的結果僅僅就是排除不需要的部分而已。

對於學校毫無目的性的活動，孩子們一開始一定會抱持懷疑態度，還會有直接抱怨的學生，但是只要教職員持續地推動下去，不用多久就會變成「對於無法理解的規則就是沉默，然後忍耐」並習慣化，也不會再有任何疑問。

可是這樣的孩子是否就能夠擁有自我意識，擁有能夠在各式各樣的課題中積極地去解決的技能或態度嗎？

「思考教育的本質的同時，就從零開始來讓學校改頭換面吧！」

在麴町中學任教的六年期間，我一直都抱持著這樣的心情來推動。

## 認識腦科學

就在學校改革進行得如火如荼的時候，突然有人造訪了麴町中學的校長室，這個人正是神經科學專家，也是本書共同著作者的青砥瑞人先生，他是一位充滿活力的青年，對於腦科學完全是門外漢的我，非常熱情地介紹了神經科學是怎麼樣一門學問、大腦又具有些什麼樣的特性、可以如何應用在教育上等等。

而這一次的會見也成為一個新的契機，也就是忽略過去以來的研究方法，嘗試從錯誤中做實驗的一場實踐性研討會。以「依照神經科學為依據，詢問出學校教育的本質」為主題，大阪市立大空小學第一位校長的木村泰子女士為首，透過臉書等廣泛聚集來自全國各地對此有興趣的人，開設一個場所可以靈活運用腦神經科學的同時，從頭來研究關於學校經營制度、教育環境、對學生的溝通方法、人才養成方法等等話題。

接下來會再針對麴町中學的「三句話」方針做說明，這種一般日本學校從來不曾用來對待孩子的方法，其實就是獲得了腦科學證據以及實踐性研究的大力協助。

本書是將大約三年時間的研究，所整理出來其中一部分。

研討會中經過反覆討論後總結得出來的關鍵字，正是書裡的兩大主題的**「心理安全感」**以及**「後設認知能力」**。為了能夠讓讀者更看得懂論述主軸，而將本書分成前半部的心理安全感，以及後半部的後設認知能力，但兩者之間是有非常密切的關連。

最近有越來越多機會聽到「心理安全感」，簡單來說就是「沒有強大壓力的狀態＝心理上可以安心的狀態」。稍後還會請青砥先生來做更多說明，關於人腦在做深入思考或者是理性判斷時，心理安全感還是不可或缺的部分。

研討會上也發展出「現在日本的學校，究竟是不是能夠讓孩子們安心的環境？告訴孩子『失敗也沒有關係』，不正應該是學校或父母該盡的義務嗎？」這樣一個主題。

儘管知道心理安全感對拓展孩子思考能力非常重要，但是在出了社會以後，還要面對種種壓力因素，如果學校是一個無壓環境，那麼就無法對孩子進行克服各種壓力的訓練。

所以最為重要的事情，就是在「失敗也沒有關係」的環境下（儘可能讓大腦活潑運動的狀態），讓孩子們積極地去親身體驗各種麻煩與挫折，這種時候所產生的糾結、失敗等負面記憶就能夠轉變成正面學習，也就是使用到了所謂的「後設認知能力」。

關於「後設認知能力」，一樣會由青砥先生在本書中作詳細的說明，不過要是透過這項研究中自己所學習到的部分來為大家解釋，更能夠具有綜觀俯視、讓自己往更好的方向更新的能力，而麴町中學就將「後設認知能力」設置於孩子能夠自律的主要技能角色上。

後設認知不僅能夠大幅提升解決問題能力、目標達成能力，在直面全新課題之際，還可以提高孩子自行創造心理安全感（懂得面對壓力、處理壓力）的能力，因此我認為這是生存在變化劇烈時代中的所有孩子們，都應該學會且擁有的技能。

但是必須要先說清楚一件事，本書並不是學校改革指南！學校該如何做改變？從哪裡開始改變？該從哪個順序來改變？每一所學校所適合的解決方案都不一樣，不過還是有整理出讓家長們在閱讀過本書以後，與孩子接觸時有所助益的內容。

這本書主要是想對日本現有的教育方式，投下一顆震撼彈。

我期盼能夠以本書為契機，在教育現場或家庭中產生具有建設性的熱烈討論，將「重新審視教育本質」、「思考孩子是主人翁的教育」的議題擴展到全國各地。

工藤勇一

第1章

# 什麼是心理安全感？

壓力與腦機能的機制

# 為什麼與神經科學有關？

神經科學——

英文是「Neuroscience」的這門學問，是將人腦結構依照分子層面、細胞層面解析，由此獲得的相關知識，再回饋到醫學、對應人們的日常生活，可說是相當新穎的一門學術研究，儘管在日本還不是那麼地為人熟知，但不僅是醫學、藥學範疇，這類的知識甚至跨足人工智慧、人才培育等等項目，備受各界矚目。我在美國UCLA將神經科學修習完成後回到日本，開始將神經科學相關的見解運用在在包含教育在內的人才培養領域上。

「為什麼專門要將神經科學引進教育界，有這個必要嗎？」

在日本演講或開研討會時，經常被人這樣質疑，在座的與會者的確都是教育專家且具有豐富的經驗，但是這些經驗法則都只是假設。既然都已經能靠科學來說明大腦運作結構，何不將其靈活運用於教育層面呢？既可以為假設背書，也能從神經科學的角度，由零開始解構教育本質，我相信，這樣的嘗試對教育界來說，絕對不會是徒勞無功。

更何況，大家都知道無論是在思考、記憶或感受等所有種種，全都與大腦有關，都會對人的成長以及學習帶來極大的推動力，至於感受這件事也會與當事人的幸福感有著緊密連結，這一點應該也沒有人會否認吧！

「學習」與「幸福（Wellbeing）」對我來說，這兩點應該是教育的終極目的才對。也就是說，要將孩子們的大腦養成「能主動讓自己成長的大腦」以及「能主動創造幸福狀態的大腦」。

## 「看見你的腦」正快速發展

那麼就來重新好好說明神經科學的大致內容。

在生命科學的範疇當中，有一個名為PubMed—能夠檢索全世界醫學系論文的龐大資料庫（中文稱為生物醫學文獻書目資料庫），PubMed會依照各個年度將全球與神經科學相關的論文全數整合並作統計，從表格資料中將可以清楚地發現，自二〇一〇年起，神經

## 神經科學論文總數的演進

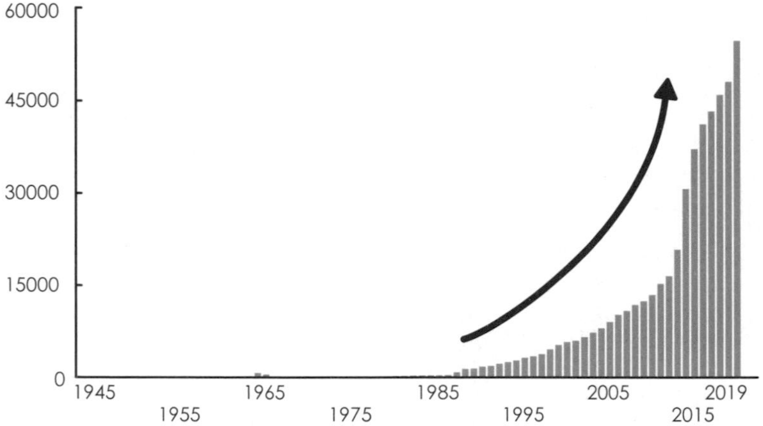


出處：本表信息基礎出自國家生物技術資訊中心熱門資源（National Center for Biotechnology Information Popular Resources）的生物醫學文獻書目資料庫（PubMed®）當中的神經科學（Neuroscience）論文檢索數據。

科學的相關研究就開始熱烈展開。

神經科學研究會突然間快速激增的原因，主要歸功於科技發達。在此之前，雖然也有以大腦為目標的學術研究，但是大腦是以怎樣的機制在運作，而與我們的思考、情感等又有著什麼樣的關連，儘管成立了各種假設，卻一直苦無可以證明的技術。

二〇一〇年開始，能讓各種細胞顯色的綠色螢光蛋白（GFP、Green Fluorescent Protein）出現，推斷是讓神經科學蓬勃發展的最大主因。相信很多人都還記得，下村脩博士在二〇〇八年時以「發光水母」（全名為維多利亞多管發光水母Aequorea victoria）獲得了諾貝爾化學獎，GFP接連在醫療、生技等範疇中被使用，神經科學部分的應用也在此時跟著推進。

人類大腦細胞能夠成功染上顏色，當中的運作過程也變得一目了然，從而幫助人類大腦結構的研究能一口氣突飛猛進，過去雖然也有著fMRI（功能性磁振造影）、EEG（腦電圖）、PET-CT（正子電腦斷層掃瞄）等等能夠看到大腦的掃描技術，卻無法掌控到細胞層面所發生的變化。

因此過去在提到神經科學時，如阿茲海默症這一類的個別神經疾病相關論文才會占絕大多數，不過二〇一〇年成為分水嶺，自此開始神經科學由「闡明整個大腦」進而朝向「認識人類」這樣更為宏觀的遠大目標加速前進。

一開始的應用目標自然還是以醫學、藥學最引人矚目，但做為能夠解密人性的學術研究，應用的項目自然不會只侷限於上述兩種。首先就是將神經科學運用到行銷界的「腦神經行銷學（Neuro Marketing）」，這項學術分類可說是激起了極大熱潮，之後接連有各式各樣的神經科學應用標的登場，其中也誕生出能夠運用在教育界的「教育神經科學（Educational Neuroscience）」這項學術分類。

教育神經科學發展到二〇二〇年，已經成為如哈佛大學等先進學校開始採用的研究目標。神經科學還在持續發展當中，與大腦有關的部分並非全然獲得理解，幸好隨著基礎研究的推進，人們對於大腦特性的認識也越來越多。

針對已知的部分積極加以活用，可說是現階段神經科學所扮演的角色，本書也是採取相同的立場。

那麼依照目前的神經科學知識，該怎麼樣具體地落實於教育最為合適呢？這個話題由包含工藤校長在內的眾多教育關係人士不斷進行討論，整個過程濃縮而成的關鍵字，即是「心理安全感」以及「後設認知能力」。

在這一章裡已經先提到了心理安全感，不過在解釋更具體內容之前，應該得先全面性地理解人腦特性，先容我解釋三件重要的事情。

這些特性不只是幫助人們更加理解心理安全感及後設認知能力，通常也是我們每天面對挑戰的基本動力來源，要是能夠理解這個事實，我認為會有很多人可以就此拓展他們的視野。

## 腦的大原則①「Use it or lose it」

人類的大腦是依照「Use it or lose it」這個大原則來驅動，翻譯成中文應該就是接近於**「用進廢退」**。

在人的大腦裡，據信存在著大約一千億個數量龐大的神經細胞（Neuron），大腦能夠記憶、處理各式各樣的情報資訊，靠的就是稱為突觸（Synapse）的網路系統，神經細胞彼此之間藉此神經迴路系統無阻礙的隨時串連銜接，互相傳遞電訊信號、化學訊號。

在這種時候，平常就已經有在使用的神經迴路，能夠繼續維持原有的運作狀態，但是沒有使用到的神經迴路部分，可不是進入休眠狀態，而是直接切斷了本身連結。

這樣的狀況或許可以用森林裡自然野徑來形容，被踩踏過無數次的小徑上少有草叢樹枝等障礙物，很輕鬆地就能夠通過，自然而然地這樣的道路就更容易被使用，往來通行也跟著變得越來越順暢。可是要是狀況反過來，道路不被使用的時間一久，雜草叢生下變得越發難以行走，到了最後整條道路就無法再通行，一旦道路因此阻塞封閉，想要重新開路就得付出相當的代價。

人腦中的運作也是一樣的道理。

經常使用的神經迴路能夠順暢地傳遞信號，至於不常使用的神經迴路，就會遭到大腦主動切割棄置。究其原因，就是因為大腦對於能量效率十分地敏感。

儘管大腦的重量只占體重的百分之二左右，但是根據研究，體內的能量（葡萄糖），約有百分之二十五是提供大腦使用，正因為大腦運作會不斷消耗能量，對大腦結構來說，其中一大特色就是會自動轉換、儘量不去浪費能量。

舉一個例子來解釋，在大腦中縱橫交織的神經迴路擁有著稱為「髓鞘」的絕緣體，信號會通過髓鞘的內側（軸突），好讓人的大腦內部可以處理各式各樣的情報，神經迴路一旦被經常使用，髓鞘就會因此漸漸越變越粗，而只要髓鞘越粗，通過軸突的信號洩漏的機率也會跟著降低，這也讓能量的使用效率更為提升。

又比方說，處理某項情報會需要花費大腦十單位的能量，但是隨著大腦不斷重複處理的過程，之後只需要三單位的能量就能傳遞訊號，腦內會自己逐漸調整和變化。

髓鞘要一直維持原來的粗線狀態將會耗費不少能量，因此這也會讓不常使用的迴路越變越細。

像這樣腦內此消彼長的微觀現象，拿到我們日常生活中，簡單來說也就是所謂的「習慣」，比方說我到平常常去的咖啡館，不知不覺間就總是會選同一個座位，點一樣的飲料喝，這正是我的大腦學習到「在這間咖啡館裡，坐在這個位子、喝這種飲料，心情就會很好」的證明。

但這並不僅僅只是習慣而已，思考、感受、說話的方式以至於動作行為，一個人慣性的生活模式、言行舉止，其實只是對**「能量效率絕佳的迴路」**無意識地作出了選擇。

一個人在無意識間所選擇的神經迴路，在大腦世界就稱為預設模式網路（Default

Mode Network），所謂的Default就是預設值的意思，神經迴路會使用什麼樣的預設值，其實取決於過去的記憶。面對日常生活中各式各樣的場景，要是大腦火力全開都用上的話，就會需要消耗大量能量，因此只要將部分決定權交給預設模式網路，大腦就能夠以省能源方式運轉。

值得一提的是，預設模式網路並不全都是優點，很多時候大腦就連自己所不喜歡的習慣也會預設值化。

即使經過理性思考，大腦判斷這件事是糟糕的，但只要大腦的預設模式網路將該行為模式收編之後，無意識之下還是會逕自使用該迴路。

想要打破這樣的情況，就會需要採取「覆蓋預設模式網路」的方式，也就是必須要藉助人們的「意志」或「理性」的力量，這個時候所使用的大腦群體就稱為中央執行網路（Central Executive Network），之後再來說明關於大腦中負責最為高階機能的前額葉皮質，如何掌控大腦整體的機制運作。

由於這個時候使用平常並沒有在用的神經迴路，能量運作的效率自然就不好。在放鬆的瞬間就會下意識用回原來慣用的迴路，因此不得不時時有意識地去驅動，這樣也致使能量被大量消耗，造成壓力。

這也就是為什麼人們無法放棄已然習慣的事物，人類的大腦到十歲左右，神經迴路的銜接都還能夠很有彈性地變更，但在接下來想要將已經串連好的迴路重新組裝，就不是那麼容易的事情了。

但是並非完全無法改變。

藉助第三者的幫忙或者是結構重組的力量，透過新的網路不斷重複地處理情報、體驗行動，讓細胞分子等級的結構產生變化，即可開創出全新的、能量效率更好的嶄新路徑，只要持續地一直使用下去，最終就能夠將之預設值化，如此一來，每個人的原有天性也會跟著改變。

這裡就將「Use it or lose it」的原則，重新整理成容易理解的重要內容。

一個人過去的經驗或記憶，會形塑出這個人的大腦（思考模式、言行模式）。已經形塑好的大腦，在短時間內想要有重大改變就很困難了。因此要改變大腦的壞習慣，就需要持續地「有意識地」、「有耐心地」持續使用新迴路。

## 腦的大原則② 人的意識是有限的

關於大腦的特性還有一項必須要先理解的，就是人的大腦對於情報的處理能力，遠比我們想像的要有所限制。

人腦在處理情報時會有一個所謂的工作記憶（Working Memory），也就是像正在使用的工作平台，由於能夠同時運作的工作記憶有限，大腦無法處理工作台以外的情報，在這個時候能夠決定「什麼樣的情報能夠擺上工作台」的，亦即所謂的「意識」或「警告」。

由於人的大腦會從五感源源不斷地湧入情報，但大腦的意識只能面對約千分之一的情報（也就等於是無法處理情報），僅有千分之一的內容而已。

比方說各位在一邊聽音樂的同時，一邊享受按摩，還加上吃甜點和閱讀書本，大腦在這樣的時候無法同時處理四種作業，在意識到音樂的瞬間，就無法好好處理關於書本上的字體情報了吧！在意識到甜點滋味的時候，關於按摩這件事就一定會被排除在意識以外（有時間的話，不妨上YouTube檢索「Selective Attention Test」，一定可以深切感受到大家視若無睹的部分）。

一旦認知到人的意識有所受限時，應該就更能夠了解到浪費意識的使用是多麼可惜的一件事了，大腦的工作台要是有太多雜亂情報、壓力、憂慮等等事物，人在這樣的狀態下就無法進行深度思考或是發揮高度集中力。

在第3章特別要說明的後設認知，將會需要處理對大腦有相當負擔的情報資訊，因此如何不對大腦施壓、無畏壓力就很重要了。

## 腦的大原則③ 人類原本就傾向負面思考

第三項大原則就是人類大腦原本就具有容易否定自己的特性，專業用詞稱之為「負向認知偏誤」（Negativity Bias），我們在生活中就很常說「那個人太負面思考、這個人很正向」等，但其實人類原本就容易陷入負面思考。

輕易就落入自我否定的大腦意識通常有兩大理由，其中之一就是儲存在大腦中的「錯誤檢測機制」。

之後還會再做詳細地說明，先簡單說關於大腦的前額葉皮質，有專屬的一部分是在負責「外部錯誤檢測」的機制，並不只是會檢測到計算疏失或錯字、少字這樣的失誤而已，更具有看穿他人缺點或弱點的功能。

另外還有與前額葉皮質不同，在大腦中稱為前扣帶皮層的部分則擁有**「個人錯誤檢測功能」**，這是能夠對自己的缺點、弱項，自身內部出現的異狀發出警告，以提高生存機率的一個先天性機制。

或許大家會認為，大腦要是自動備有「錯誤檢測功能」，那麼能夠自動察覺別人的正面思考應該也很不錯（我在學生時代也曾這麼想），但無論怎麼尋找就是無法在大腦中有意識地找出來。

這也正是只要放著不管，人類就是一種無論對自己還是對別人，都會吹毛求疵的一種生物。

容易產生自我否定的另一個原因，就是人類找出記憶的方式。

人在透過前額葉皮質做決定時，會一邊找出過去的情報，一邊進行綜合性判斷來進行處理，這個時候所使用到的資訊內容，比起正面記憶，人總是會更加傾向於先回想起負面記憶。

比方說業務菜鳥在五次談判中有四次成功，以機率來說致勝率達到了八成，因此就可以抱著滿滿自信來進行下一場業務談判，但是人就偏偏不會是這樣進行，因為只要有過這麼一次失敗，體驗遭到對方打敗的難堪情緒，再加上先前提過的錯誤檢測功能，不安的情緒絕對會先冒出來。

就如同「人類是感情的生物」這句話，無論怎麼樣地理性思考，人類還是很難撇開感情作決定。

在意識到人類本來就容易產生負面思考時，當大人放任一時情緒去批評孩子，使用了否定式語句，不難想像這會對孩子的自我形成帶來多麼惡劣的影響。

比起誇獎，孩子對於責罵絕對要敏感許多，而且這也不是「罵完小孩以後，只要給予同等地讚揚就夠了吧！」就能處理帶過的。

一旦遭到否定，負面記憶就會頑強地被保存在腦中，如果持續地將之視為自己的缺點，就會產生「過度解讀」並且在「Use it or lose it」原則下，該迴路就會變成為牢不可破的部分，多數孩子也因此變成帶著自我否定特質的人，沒有了自信也就很難產生對新事物的挑戰心態。

要將這樣的負面思考轉變成正面思考的必要部分，就是能夠冷靜地抓住自己特色的後設認知能力，關於這部分會在第3章有解釋。

那麼接下來就針對心理安全感來做說明。

## 因谷歌而聞名的心理安全感

最近看到「心理安全感（Psychological Safety）」這個名詞的機會越來越多了，如同文字一樣，這意味著「心理上維持著安全狀態」，而心理安全感的相反詞則稱為「心理危險感」。

率先提倡心理安全感這個概念的人，是哈佛商學院領導力和管理學的教授艾德蒙森（Amy C. Edmondson），她在一九九九年時發表了一篇名為『Psychological Safety and Learning Behavior in Work Teams』的論文，在日本就有出版了『團隊合作是什麼——提高「學習力」與「執行力」的實踐方法』（英知出版、野津智子翻譯）等書籍而出名。艾德蒙森教授認為在職場中為了發揮出每個人的能力，確保心理安全感就成為一大關鍵，也因此提倡在團隊裡創造「不被否定的環境」是非常重要的事情。

之後這樣的觀念會擴及到全國，幕後推手正是谷歌（Google）公司，該公司推出了「re:Work（rework.withgoogle.com）」網站來分享他們企業管理、人資管控的經驗，並且在二〇一五年時發表了「讓團隊成功運作的五個關鍵」這樣的研究報告，其中第一個關鍵就是心理安全感，報告中引用該定義寫下了「是否能夠放下不安、羞恥，採取具有風險的行動呢？」

那麼在心理安全狀態下的大腦，會呈現什麼樣的狀態呢？就由神經科學的立場來做簡單說明吧！

人腦中擁有前額葉皮質的部位（日文中也會稱為前頭葉、前頭前野、前頭連合野等），占有額頭到頭頂一帶極大片的區域，也是在腦中負責思考、下決定或壓抑情緒等種種高階功能的重要部位，因此也經常會將之稱為「大腦的指揮官」。

我們現在知道當人處在心理安全狀態下，前額葉皮質會更容易頻繁活動，不過與其說是「比平常動得更厲害」，不如說前額葉皮質的功能「不容易被干擾」來得更為正確，反過來說，當人處於心理危險感時，前額葉皮質的功能就會顯著降低。

所謂的「心理安全狀態」，實際上也可以說是「讓心理跳脫危險狀態」的意思，艾德蒙森教授所主張的「不被否定」的團隊內部規則，就是為了能夠創造出讓團隊成員前額葉皮質可以自在活動的環境。

## 一旦感受到壓力，大腦會怎麼反應？

那麼區分心理安全狀態與心理危險狀態的標準是什麼？掌握關鍵的就是「壓力」了。

我們平常在口中經常提到「壓力」這個詞，但是如果被問到「壓力是什麼？」的時候，卻會意外地發現無法用言語來形容。所謂的壓力，會因為「與平時不同」而產生出身體上、精神上的變化。人類為了將體內生理狀態盡可能地維持在同樣狀態下，而擁有名為「體內平衡（Homeostasis）」的機制，至於壓力就是讓體內平衡感受到的落差，舉例來說原本苦於在眾人面前演講的人，只要多累積幾次經驗就不會感覺到有壓力，原因就在於這個人的「平時」在一點點的改變。

人類一旦感受到壓力，首先會在腦的下視丘產生反應，接著是在下視丘正下方的腦下垂體，負責調整荷爾蒙的小小部位做出反應，這個時候腦下垂體會分泌「刺激腎上腺皮質的荷爾蒙」，而接收到刺激的腎上腺皮質就會分泌出皮質醇這種屬於類固醇的一種激素

（所謂的腎上腺皮質，就是緊貼在腎臟上方厚厚的腎上腺皮質層）。

皮質醇的別稱又叫做壓力荷爾蒙，它會跟著血液流經全身，因此在感受到壓力的時候，心臟跳動會加速，冒冷汗、胃痛、兩腿發抖等，都是受到了壓力荷爾蒙的影響。

而這樣的壓力荷爾蒙當然也會經過大腦，腦內接收（結合）壓力荷爾蒙的受體就存在於細胞之中，因此當壓力荷爾蒙出現在腦內時，受體就會開始啟動。

接收壓力荷爾蒙的受體一共有兩種，不過為了方便起見，這裡就直接分成類型1以及類型2。

類型1受體較擅長「躲避」壓力荷爾蒙，當壓力荷爾蒙數量不多的時候，通常類型1會優先啟動，這也就是說，如果只是些許的壓力，大腦是能夠接納的。

但是當壓力荷爾蒙增加得太多時，情況就有所改變了，原本一直沒有動作的類型2，這時候就會「輪到我出場了」而開始運作，不過類型2對壓力荷爾蒙的親和力很低，會給大腦各個部位帶來影響。

受到影響最大的當屬杏仁核（Amygdala）這個部分，杏仁核掌管著我們的情感，而在這裡也有兩種不同的受體，當杏仁核的兩種受體全都進入運作狀態時，就會造成杏仁核過度活躍，為了保護性命而會引發一連串各式各樣的反應。

用更簡單的說法來解釋，就是當杏仁核察覺到過量的壓力荷爾蒙時，大腦內就會發出「緊急事態宣言」的警訊，而出現緊急事態宣言的大腦狀態，也就是所謂的心理危險狀態。

## 正面戰鬥或轉向逃跑

心理危險狀態的典型反應稱為「Fight or Flight Response（戰鬥或逃跑反應）」，Fight是「戰鬥」，Flight是「逃跑」，也就是說人們在承受過度壓力的時候，會出現不是戰鬥就是逃跑的兩極化反應，日文說「緊要關頭的爆發力量（譯注：原文為―火事場の馬鹿力）」實際上就是這兩種反應下的結果，可說是非常原始的反應，這是從遠古我們的祖先在大草原上生存以來都不曾改變過的反應。

於此同時，當人一進入心理危險狀態時，為了擺脫逼近的危險，會啟動讓血液集中流動在必要內臟器官的機制，如此一來會產生什麼樣的結果呢？那就是血液不會經過前額葉皮質，大腦一時之間也無法控制。

在現代人的想法中，或許會認為「越是面對到危機，更應該是前額葉皮質上場的時候」，但是人類大腦並非這樣運作，在面對到危機的時候，會切換到「新大腦」線路，比本能的「舊大腦」要更活躍地運作，才是人類大腦原有的作業模式。

如此這樣的大腦反應，要是從生存觀點來考量的話絕對不算壞事，無論是「正面迎擊或逃跑」還是「前額葉皮質無法控制的下意識反應」都很合理。比方說在森林裡散步的時候，草叢中突然竄出一頭體型壯碩大的熊就在眼前，這種時候絕對沒有「唉呀、是熊耶，實在太難得了，不如拍張照片放上Instagram吧，不知道會不會有人按讚呢！」這樣的悠閒心思，只會反射性地下達「別想了！立刻進入戰鬥模式！」或者是「死命逃跑吧！」的命令。

而且人們在面對恐怖情境的時候，也會出現「僵直不動」的反應，因此「迎戰或逃跑反應（Fight or Flight Response）」也會稱為「Fight or Flight or Freeze反應」。

僵直不動的原因之一就是前額葉皮質無法控制，而導致出現了思考停止的狀態。

順帶一提在麴町中學研討會上講到這部分時，大空小學第一任校長木村泰子女士就直指出其與自殺的關連性，可說是非常敏銳的觀察。

當某人自殺的時候，身邊多數人口中都會說出「那個人怎麼會自殺？」或「看起來不像會自殺的人！」的想法，但是他們所說的不過只是其人「平時」的模樣，即使是本人在擁有心理安全感，維持在能做理性判斷的狀態時，恐怕也會覺得「不可能會做自殺這麼蠢的事情」，可是當壓力過量的時候，就會突然變得「不再是原來的自己」，因而採取極端行為。這樣的可能性其實是藏在每個人的心中，這也是我們必須要提前認知的事情。

## 因心理感到危險而喪失的大腦機能

那麼，只要陷入心理危險狀態，功能就會降低的前額葉皮質，究竟具有著什麼樣的特性呢？來為大家介紹其主要的部分。

前額葉皮質占有大腦皮質的三分之一，掌控的功能也非常分歧，無法全面性的解釋，不過接下來所列舉出來的幾種功能，我認為可以在教育、育兒應用上的角度提供非常重要的建議。

## 機能① 現實推論或錯誤檢測（dmPFC）

前額葉皮質有個稱為dmPFC的區域，這一區負責的是「現實推論」、「錯誤檢測」等功能。

所謂「現實推論」，好比說遇到明顯看起來就很不耐煩的人，我們會直覺想到：「現在要是做了讓他心情不好的事情，絕對會讓他大大發火吧！」dmPFC的現實推論就是能夠依照現實狀況而推論的功能。

而「錯誤檢測」就如同前面說明過的，指的就是意識到可能犯錯而產生的預防性判斷，像是使用Excel系統會發現輸入錯誤時所必要的「粗略搜索機能」。

要是喪失了這些功能，就無法產生「這麼做會變成這樣吧」這樣對現實的立即判斷，也可能會出現平常絕對不會有的言行舉止，從而讓周圍的人生氣或造成困擾。

至於錯誤檢測要是無法進行，在遇到要求正確性的細緻作業等等時，就有可能造成一連串錯誤發生的事態。

順便也解釋一下所謂的dmPFC，在神經科學世界裡是被用來做為標記大腦特定「區域」的記號，接下來也會一直看到PFC這個記號出現，這是前額葉皮質（Prefrontal Cortex）的縮寫，一開始的d是意味著「背側」的Dorso，而m則是具有「內側」意思的Medial第一個字母，因此dmPFC在中文裡就是「背內側前額葉皮質」的縮寫，但是對一般人來說，即使是中文看起來也像是符號一樣，所以本書乾脆就簡單地都以神經科學的說法來統一使用了。

### 機能②　有意識的注意與思考（dlPFC）

第二項功能在神經科學世界裡，就稱做「由上而下的意識指導」，指得是有意識的注意與思考這件事，如果簡單來說應該就是「讓大腦專注在單一事件上思考的能力」了，由

dlPFC這個區域在控制。

舉例就是大家在閱讀完這篇文章並有所理解，都是因為dlPFC給出了「這本書在這一行的文字要多加注意」的指示，再由大腦其他部分跟著指示來處理，專門的說法就是「在dlPFC的控制狀態下」。

或許會有人覺得——「對於意識到的事物給予注意力，這不是理所當然的事嗎？」，但就像前面在腦的大原則①與②所說明過的一樣，人腦總是很容易會被引入無意識的思考或言行動作模式中，並且人的意識是有限的，而如果真是這樣的話，要能夠操控整個大腦去執行「現在集中注意力在這裡」、「使用與平常不一樣的思考迴路」，堪稱是非常高度的腦機能作業了。

因此想要發揮控制自己的能力，也就是後設認知能力時，保有心理安全感並且讓由上而下的意識指導機能完備的狀態，就非常的重要了。

## 機能③ 抑制不恰當的行動（rlPFC）

「碰到這種狀況的時候，這樣做是好還是壞？」，我們的大腦會經由每一天這樣的體驗去慢慢學習，也就是將輸入（言行）與輸出（結果）組合在一起學習的意思，稱為**「模式學習」**。

為了避免因模式學習時學到的經驗而做出不恰當行動，位在大腦前端的rlPFC區域擔任「踩煞車」的工作，這就是為什麼我們平常不會做出反社會行為、會採取理性行動的原因，全都是仰賴模式學習得來的資訊（記憶）以及有rlPFC踩煞車。

但是當大腦出現過量壓力時，這個剎車功能就會失效，做出平常不會做的不恰當行為的可能性也跟著提高，我想無論是誰都曾經有過「那時候幹嘛這樣講」、「幹嘛做出那樣的事情」等等的後悔行徑，多數狀況都是因為過度的壓力所觸動，讓前額葉皮質陷入無法運作而造成。

這與有些人在喝酒後性格大變，甚至出現暴力行為狀況的機制非常相似，酒後失態雖然不是壓力造成（而是酒精引起），但是過量的酒精也會造成前額葉皮質機能降低，使得平常能夠靠理性（rlPFC）壓抑的情緒全都暴露出來。

## 創造力與心理安全狀態

### 心理安全狀態

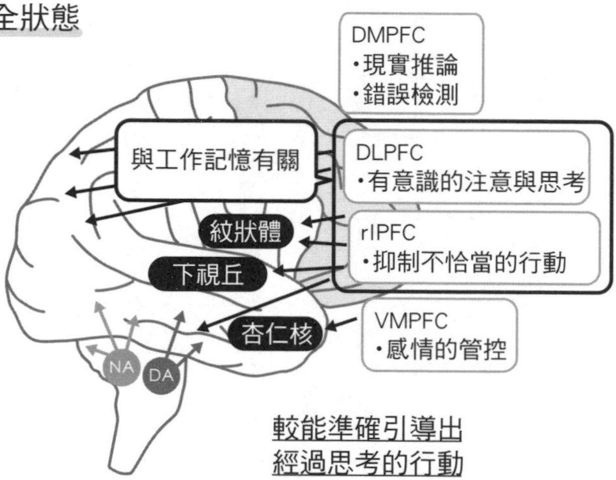


### 心理危險狀態

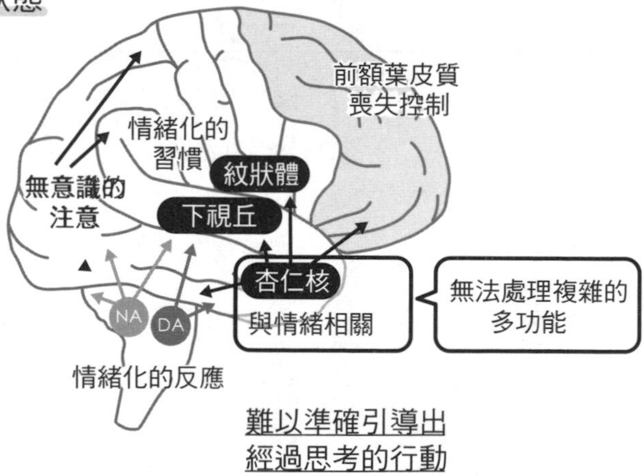


出處：依據Arnsten A. F. (2009). Stress signalling pathways that impair prefrontal cortex structure and function. Nature reviews. Neuroscience, 10(6), 410422.來製圖，文字下畫線與粗框內部分是作者的補充內容

## 機能④ 情感的調整（vmPFC）

前額葉皮質最具代表性的功能中，最後一項就是由稱為vmPFC的部分所負責的**「情感控制」**。

人的七情六欲基本是靠杏仁核控制，可是如果一悲傷就立刻嚎啕大哭，一生氣馬上大聲怒罵，這樣就無法擁有順當的社會生活，而vmPFC就是在這些情感爆發之際，可以有意識地予以抑制，發揮非常重要的功能。

對於我們大人來說，這絕對是經常經歷的事情：「在壓力持續累積下卻又發生了討人厭的事情時，就很容易造成情緒暴走。」究其原因在於壓力已經超過這個人能忍受的範圍，讓大腦陷入了心理危險狀態，使得感情因此無法控制之故。

好比像是幼小孩童在抵抗期時很容易出現情緒不穩，就是因為前額葉皮質還沒有發展成熟，尚未擁有感情的煞車機制導致，要是因為孩子還沒擁有煞車器，結果不耐煩的父母親發出「不要吵！」的大聲喝斥，只是會陷入更多壓力的惡性循環而已。

以上所介紹的都是前額葉皮質的主要機能，無論哪一樣對我們在社會上生存都是無比重要的，當人產生心理危險狀態時，這些機能就有可能明顯下降，因此這個基本原則請務必要記起來。

能夠輕鬆監控孩童是否產生心理危險狀態，當然是最理想的事情，但是依照現階段科技的發展而言並不存在這樣的技術，然而只要能夠記住這裡的說明，當孩子出現「跟平常不一樣的反應」、「大人無法理解的言行」時，是不是因為過量壓力所造成的狀況，我們絕對能在當下做出推斷。

## 對壓力的「反應速度」深受童年影響

「是什麼讓你感到壓力（腦下垂體反應與否）？」或者是腦內的「壓力荷爾蒙接受體容量」，還是「接受體的反應速度（發現頻率）」都是因人而異的。比方說收取壓力的接受體容量、壓力荷爾蒙合成的數量、舒緩壓力荷爾蒙的化學物質的合成量等，不論哪一種都會依據每個人的DNA而有不同的差異。

然而「反應速度」卻會因幼年期經驗帶來重大的影響。

幼年期的大腦十分有彈性，會隨著年紀增長而漸漸產生變化，在這樣的幼年期要是很頻繁地獲得接收過度壓力的經驗，依照「Use it or lose it」的大原則，啟動壓力荷爾蒙接受體迴路的效能提高，最終結果就會成為「容易對壓力有反應的大腦」。

「要是總是被責罵，那對生氣這件事不就會產生耐性嗎？」

或許會有人持有這樣的意見，但實際上的答案完全相反，依照神經科學的觀點，幼年期累積許多被嚴厲責罵經驗的孩童，在碰到強烈壓力時，越是有極高的可能性會轉變成攻擊模式或逃亡模式的大腦結構。

## 諷刺的是，越是嚴厲責罵孩子越記不住

在教育環境裡，孩子們產生心理危險狀態的可能因子非常多，其中最可能發生但也最不必要的，以「受到大人責罵或是批評」為甚，大人不僅會赤裸裸地表現出憤怒的情緒，

還可能會出現暴力行為，就算沒有大聲斥責小孩，卻也少不了各種批評，這樣的情景在日本的教育環境裡可說是家常便飯。

冷靜下來仔細想想，在教育、培養人才的環境裡以恐懼、恐嚇來讓孩子聽話順從，這樣的方式真的有必要嗎？真的有值得讓孩子陷入心理危險狀態的指導效果嗎？以我所看過的許多案例，實際上根本無人得利只是陷入了「負的迴旋」而已。

首先對人發脾氣的行為需要耗費巨大能量，但消耗了這麼驚人的能量之後，卻是讓孩子陷入心理危險狀態，對於被指責的內容無法做出理性思考、無法集中注意力，甚至可能到無法做出好壞的判斷。

這也就是說，孩子很有可能會繼續犯相同的錯誤。

可是並不知道孩子腦袋早就一片空白的大人們，反而會因「到底要我說幾次才會懂！」更加憤怒，而且越是生氣，孩子越是記不得，到最後只會變成彼此都累積壓力的關係。

如果真的是為孩子著想來給予指導的話，讓孩子仔細傾聽大人所說的話並充分理解，確實創造出前額葉皮質能夠運作的心理安全狀態，就有可能提高孩子的學習，反過來說，這樣的指導方式也能夠降低大人的壓力。

這樣的觀念轉換，其實在育兒現場中已經慢慢地在獲得改變，像是到公園等親子聚集的地點，面對完全不聽爸媽講話的吵鬧孩子，雖然還是會看得到立刻大罵的家長，但也還是有願意以柔和表情、聲調，不用高壓姿態而是蹲下來配合孩子的視線高度，看著孩子的眼睛好好講道理的父母。

**要是有不斷重複相同錯誤的孩子，那麼要思考的並不是「孩子有問題」，不妨可以嘗試將重點轉向「大人應該要怎麼樣傳達」**。如果目的是希望孩子改變行為的話，那麼情感上的發怒不過只是手段之一而已。

要是可以事先就客觀地體認到，孩子不願意改變行為或態度的原因，恐怕與高壓的指導方式有關，那麼自己也必然會願意改變與孩子相處的方式。

當然了，強烈責罵下的結果，孩子會為了逃避恐懼而出現改變自己的行為，因為即使是處於心理危險狀態，思考能力完全是零，學習效果也不可能全部歸零，所以當孩子出現可能危及生命或傷人行為等嚴重的情況，要是大人更變本加厲地責罵「真的是什麼都做不好」，孩子只會記下這個狀況，以為責罵這件事在人生中不可或缺，人們也是因此而有了斥責小孩的習慣。

不過在這樣的場合中，邊罵人邊說出來的話幾乎有很高可能性不會被記住，等到孩子情緒穩定下來以後，重新說明就成了很重要的事情。

## 被責罵的負面感受會被牢牢記住

因為遭到大人責罵而陷入心理危險狀態的孩子，也不是什麼都沒有學習到，讓他們牢牢學到的東西就是「被責罵的記憶」。

前面說過杏仁核負責人類的感情，對於引起不安或恐懼情緒出現時，該選擇正面迎擊或逃跑的判斷，杏仁核也扮演極為重要的角色，此外也還具備有保存「感情記憶」的機能。

在杏仁核的正上方有個名為海馬迴的部分，兩者之間以極粗的迴路連結，海馬迴可說是人類的硬碟般的存在，專門針對記憶進行長期保存的部分，不過會保存在海馬迴中的記憶，屬於「什麼時候發生了什麼事」的理性記憶，「那個時候有什麼樣的心情」的感性記憶，則是會另外保存於杏仁核。

而且還發現到，伴隨有感性記憶的理性記憶更容易獲得海馬迴的保存。

這有著什麼樣的意義呢？

人類要是遭到某人強烈責罵喝叱，幾乎記不住被罵的內容的同時，被責罵的事實與當下感受到的震驚、恐懼、憤怒、不安感、羞恥感等等資訊，會強烈地被記憶下來。

這也可以算是一種的人類防衛機制，對於自己來說的有害人物、危險人物、敵對人物等，都很容易就留下鮮明的記憶。

請大家不妨嘗試著搜索出學生時代關於「老師的記憶」，是不是會發現浮現於腦海中的全是被罵的記憶呢？或許會隨著時間而有著「這個人是為我好才會如此生氣」這樣的解釋，可是被責罵時的情感記憶並不會有所改變，對老師產生的恐懼心理、不信任感、警戒心很難因時間而消失。

儘管會有人認為，做為對孩子的教導手段之一，是採取讓孩子感到恐懼程度的指導，然而原本想要傳授的內容非但沒有達成，反而是有很高的可能性將意料外的訊息，因此深深地烙印在孩子的大腦裡。

## 生氣時的大人心理將呈危險狀態

要將學校、家庭轉變成讓孩子容易獲得心理安全感的環境時，最大難關就是「越是容易造成孩子有心理危險狀態的大人，本身陷入心理危險狀態的可能性越高」這個事實。因此為了保有孩子的心理安全感，那麼首先大人擁有心理安全狀態就是非常重要的事情。

容易情緒激動的人本身應該也會有自覺，我相信當在看到害怕的孩子的眼睛時，許多人一定會瞬間回過神來並感到後悔。

如果要給這樣的人建議的話，那就是無論怎樣事後反省「容易抓狂的自己」都於事無補，情感對人類來講是必要的部分，掩蓋感情是根本不可能辦到的事情，要是真的想要解決問題的話，並不是指責情緒這部分，是不是應該將目標放在引起情緒反應的過程才好。

不妨研究接下來的方法。

1. 讓壓力不容易成為壓力，可以改變你的思考方式

例）小孩子就應該聽大人的話↓應該尊重小孩子的自主性

例）如果不用恐懼來壓制就無法溝通↓一定有能夠平和地傳達想法的方式

例）引領孩子是大人的工作↓守護孩子的成長才是大人的工作

2. 面對孩子的時候，減少因「〇〇」狀況發生的壓力因素

例）改善夫妻關係

例）擁有充分睡眠

例）定期消除壓力

3. 必須要有自覺自己容易生氣的情況，並且先採取主動

例）抓狂前離開現場

例）激動時，反而要把念頭轉向沒有關係的事情

例）從平常就要開始練習理想的應對方式

上述的方法3，其實也就是會在第3章解說到的後設認知，並不是要去壓抑怒氣，而是為了能夠不生氣，持續去探索可以做些什麼努力，在大腦中創造出新的迴路，確實地認識到自己的情緒，去學習怎樣好好地應對它，這也正是管理憤怒情緒的本質，並且也是後設認知理論活躍的原因。

## 刻意營造「零壓力環境」帶來的反效果

相信在聽完了這些說法以後，認為「原來如此，壓力原來是敵人啊，那麼就來好好地守護孩子，一一排除障礙，為他們創造出不容易感受到壓力的環境吧！」的人一定不少，在許多演講或研討會上，很容易看到、特別是做家長的人會有如此的理解。

但是事情可不是這麼簡單。

為孩子準備一個完全沒有壓力的環境，的確是應該能確保心理安全感，不過等實際出了社會以後，煩惱、糾結、不合理、巨大壓力、失敗、後悔等等，會有數都數不完的各種壓力等著孩子。

那麼童年時代在「溫室」中長大的孩子，真的有能力在出社會以後靠一己之力生存下去嗎？如果沒有大人幫忙消除壓力因子就無法存活，這樣的狀態不妨說是與自律完全相反的「依賴」狀態。

當然要是有學校、班級、社團、家庭是呈現過度心理危險狀態，在認知到孩子們需要的心理安全狀態後，自然是將之改變成能善加運用前額葉皮質的環境為最優先行動，可是想要消除這世上的壓力是完全不可能的事，那麼就必須要來認真思考，大人們不該只是單純地提供安全狀態就好，而是要幫助孩子學會自己創造心理安全環境的方法。

## 適應壓力的大腦機制

人類原本就同時具備適應壓力的能力。

一開頭就已經提過，壓力本身正是體內平衡出現落差引起，體內平衡是為了維持人類競爭狀態的機制，因此就算是壓力出現，當人在接受到壓力時會反射性地有著「舒緩壓力吧！」、「應該怎麼樣去適應呢？」等的反應，不過就像是大人應付壓力有各式各樣的消除法，對於孩子來說什麼才是最佳應對方式，自然也是人人都不相同。

比方說前面曾經介紹過，關於前額葉皮質有「抑制不合適行為」的機能，而經常被列舉為不合適行為的範例如「壓力下的暴飲暴食」「哭泣、發怒、大聲叫囂」等等，就可算是經常能看到適應壓力行為的其中一環了。

為了能給大家有個參考，這裡解釋關於壓力適應的機制。

人類的神經系統，分為中樞神經體系以及末稍神經體系（腦脊髓神經體系）兩大類別。在遍布全身的末稍神經體系當中，還有著稱為自律神經的系統，因為以「自律」兩字來冠名，所以會知道自律神經並不容易靠個人意識控制。自律神經有交感神經與副交感神經兩種，前者在緊張的時候會變得活潑，後者則是在放鬆時比較活躍。

交感神經和副交感神經就像蹺蹺板一樣彼此互相競爭在運作，要是處於壓力過量的狀態中，交感神經就會占上風，與此同時我們的身體也會想要誘導副交感神經啟動。

副交感神經占上風的行為模式有好幾種，實際上「飲食」就是其中一種，胃裡有食物進來就會讓胃腸開始運作，胃腸一啟動就容易讓副交感神經居於優勢。

所以因為壓力而開始暴飲暴食的人，並不是因為平常壓抑的食欲忽然暴走，而是「一旦開始吃東西就會不知不覺變得心平氣和，所以沒辦法不吃」，多數常常是這樣的狀況。

還有也是類似的理由，出現「緊張的時候會想要嚼口香糖」、「有壓力時就會想咬指甲」這種常見的癖好，都是為了適應壓力的表徵。

仔細想一想，看到有咬指甲癖好的孩子時，大人會斥責「這樣很難看，不要咬指甲了」，要是按照創造心理安全感的邏輯性來說，就能理解這樣只會帶來反效果。

而大人這時候應該要做的就是去思考，「不要再咬指甲了，是不是有什麼事情造成壓力了呢？」，想想為了幫助孩子自己去突破壓力，能夠給予些什麼樣的援助。

還有「哭泣」這件事，一樣是人們面對壓力時的調適方法之一，人在哭泣時，不僅是副交感神經會占上風，而是還具有將壓力荷爾蒙的皮質醇連同眼淚一同釋出的功能，大家有沒有在每一天忙碌的工作或育兒生活中，看到讓人落淚的電影或小說時，就像是經歷過「心靈洗滌」一樣，讓心情整個放鬆下來的經驗呢？會覺得放鬆，是因為體內的壓力荷爾蒙經由物理方法被排除了。不僅社會上有著「想哭就盡情地哭」這樣的說法，神經科學也一樣說得通。

我自己也有個年紀還小的女兒，事情不順她意的時候就很常會哭，但我認為哭泣就是小孩子的工作，因此不會不講道理的禁止，抱持著「這個孩子正在努力地適應壓力」的心情來守護。

這個社會也很常出現「體育相關人員的耐壓性比較高」的說法，會有許多人認為運動出身的人耐壓性高，但我認為或許是因為越能夠在嚴格環境中堅持到最後的人，越能夠具備「有自己適應壓力的方法」這樣的經驗吧！

無論是哪一個人，對於壓力的反應是可以直接接受，並一味地咬緊牙關忍受的人相當少，一定會自動地啟動舒緩壓力的機制，而這樣的經驗多來上幾次，相信就會有人開始發現「自己在什麼樣的狀況下容易對壓力有反應，應該怎麼做才能夠降低反應」。

舉例來說，或許可以跟值得信賴的朋友訴苦，或許是將容易感受到痛苦的練習內容，轉變成帶有較高遊戲性質的內容，也可能在越是痛苦的時候越能夠重新審視自己的夢想，牽引出多巴胺式動機，可以將課題細分開來以降低必須承受的負擔。

像這些具體的對應方法要是能由大人傳授的話，或許就能夠在無意之間做好。結論就是要想提高耐壓性，比起具備「強烈意志力」，自己該如何面對壓力反應、處理方法，透過經驗來獲得才是重要的事情。

因此對大人來說，應該注意的部分就是逐一排除給予不必要的壓力，慢慢幫助孩子累積壓力經驗，進而可以帶動孩子自己創造心理安全感的能力。

## 適度的「非做不可」能刺激大腦活動

其實所謂的心理危險狀態，內容就是壓力荷爾蒙「過剩」的問題。

壓力荷爾蒙「適量」的時候，反而有助於提高我們的認知力、注意力、記憶留存率、集中力（聚斂性思考力）等等能力。

比方說在面臨到工作的最後期限時，一邊喊著「完蛋了！完蛋了！」，一邊發揮驚人集中力完成工作，這樣的經歷相信大家都曾經有過。這時候大腦毫無疑問地一定出現了壓力，但同時也會感受到已經轉變成為了「具生產力的大腦」。

那麼是什麼推動了大腦呢？

它的真面目就是正腎上腺素這種神經傳導物質，我們通常都會用「腎上腺素發作」來形容，但正確的說法應該是正腎上腺素才對，實際上它也是壓力荷爾蒙的一種，腦內雖然也會分泌，但它與皮質醇一樣也是由腎上腺皮質所分泌。

會分泌出正腎上腺素，是在感受到「非做不可」這樣強烈使命感的時候，簡單來說就是「火燒屁股的時候」，換句話說，正腎上腺素就是提高人類動機的「幹勁開關」的其中一種。

不過正腎上腺素性質的動機有著弱點。

其中一項是當正腎上腺素過度分泌時，大腦就會當機，已知可能會變得具有攻擊性，或者是誘發引起恐慌還是歇斯底里等不良的生理反應，另外一項則是儘管大腦活動力提高了，卻有著「關注的標的容易不斷改變」、「注意力分散」的特徵。

我也曾經在截止日期前把工作帶回家處理，明明腦袋很清楚，卻突然在意起廚房做菜的聲音，或者是忽然間過度注意孩子單獨玩遊戲的聲音，如果是有在職場上工作的人，這種情況就像是平常不在意的影印機聲響或同事的笑聲等等，會有非常敏感的反應。

這些全都是由於大腦活動力提高的結果，對於每一項事物的感受度全部提升所引起的現象。

## 運用「多巴胺」創造最理想的動機

人類的大腦中擁有能彌補正腎上腺素弱點的神經傳導物質，那就是多巴胺，在醫學世界裡大多以DA來表示，在我擔任代表工作的DAncing Einstein，DA這兩個大寫字母就是由多巴胺而來。

會分泌出多巴胺，就在「想做！」、「想知道！」、「想要實現！」等諸如此類有著這種自己的、積極的強烈期望或欲望的時候，而多巴胺的重要功能之一，就是會與正腎上腺素同時分泌，能夠降低只有正腎上腺素時太過顯眼的「容易分心（Non Preferred Direction）」狀態。

當孩子過度熱中於玩遊戲，聽不到大人聲音，或是一心投入嗜好而忘記時間時，就是大腦在多巴胺式動機被驅動的狀態。

因此要是想要最大程度地引出孩子們大腦的表現，除了維持心理安全感，還要實現正腎上腺素與多巴胺同時分泌的狀態，這樣效率會最好。

我也正是因為了解到大腦內的機制，所以當在工作分心的時候，馬上就能夠低頭檢視自己，判斷出「現在自己覺得被打敗的感覺占了上風，所以不多出現一點多巴胺是不行的」，為了努力提高「想完成」的心情，會重新再了解到「這份工作有著什麼樣的意義？」、「完成這件工作的話，能夠出現什麼好事？」，花費的時間其實非常短，但僅僅只是這樣做，就會完全無視於周遭，生產力也會有突破性成長，類似這樣的經驗可是已經體會過很多次。

我所感受到關於日本教育的課題，就是幾乎完全沒有可以活用多巴胺式動機的場面，孩子本人的「想要做」或者是「想怎麼做」的心情，大多都會遭到大人以自己的情況而被無視，我認為這樣對於孩子的學習是會造成傷害的。

「去做那個」、「去做這個」像這樣以命令語氣喚起孩子們的正腎上腺素式動機的情況到處都看得到，而且是太多了，精神上遭到壓迫的孩子也因此非常的多。

原本在過去的日本，存在著依照多巴胺式動機為基礎的教育，就是私塾或補習班，可能會對於非常嚴格的師徒關係，有著容易陷入心理危險的印象，但是至少對於是「想要跟這位老師學習！」這種隨著自發性動機而來學習的孩子們來說，不難想像老師的嚴格反而能夠帶來好的效果。

遵守以不逼迫孩子們產生心理危險為前提，靈活地運用正腎上腺素以及多巴胺式動機，才能激盪出孩子的大腦力。很期待能基於這樣的方針，斟酌著教育應有的態度，讓日本的教育能有大幅地改善。

當然，在這種時候還有應該要注意的部分，就是「每個人對壓力的反應程度都不相同」。

比方說在學校裡，老師對A同學與B同學都是一樣的責罵方式，但是兩人的反應方式卻截然不同，A同學僅僅只會覺得「怎麼好像不痛不癢的」這樣而已，但是B同學就陷入了心理危險狀態，也可能導致前額葉皮質的機能無法運作。所以對孩子來說，想要的應該不過就是「靠自己」找到能好好壓迫自己的方法，或者是「自己去尋找」由訓練員般的第三者來給予壓力。

但也因為如此，對壓力反應各有不同，想做的內容也都不一樣，我非常確信教育方式也必然地要非常多樣化。

單一式的教學方式雖然不能說一定不好，還是會有「只有這樣」、欠缺平衡的感覺，面對接下來的時代，能夠發揮個人價值的就是個性、獨特性，這個人才有的獨創性。

班級上要是有三十個人，不就會有三十種的好奇心與探索，這樣不是非常美好的事情嗎？只要運用最新的數位技術，我想就不會是夢想而已。

## 自我肯定將能提升抗壓性

為了將孩子培育成能夠容易自我感受到心理安全的人，大人應該要做的事情就是學習適應壓力的方式，除此之外培養「不容易將壓力視為壓力的大腦」也是很重要的事情。

實際上想要這樣做最為有效的手段，就是提高孩子的自我肯定感，所謂的自我肯定感為「自己做得到的」、「自己能想辦法辦到」這樣的自我形象。

培養孩子自我肯定感的重要性，也在教育或育兒界中漸漸被注意。

自我肯定感與心理安全有著極深的關連，在某個研究中指出，越是處於自我肯定感高的狀態，壓力荷爾蒙的分泌量就會減少（Creswell, Welch, Taylor, Sherman, Gruenewald, & Mann, 2005）。所謂的自我肯定感高，就是對自己擁有自信的狀態，因此不容易感受到威脅或不安的一種機制。

不過自我肯定感並不是靠某一天，哪個人說了「應該要擁有更多自信」、「請相信你自己一定做得到」就能夠馬上擁有的，為了讓腦內擁有正面的自我意識，「抓住肯定自己的訊息」幫助大腦充分記憶就是非常不可或缺的作業。

## 該如何創造出不否定的環境？

老是被周圍的人說不行，或是貼上問題兒童標籤的孩子，因而陷入自我否定的案例非常多，所以培養出自我肯定感，就必須讓孩子沉浸在高度自我肯定感的環境裡，並持續一直獲得滿滿的相同經驗才行。

具體來說就是如下述的環境——

- 不否定
- 尊重個人意志

・不責怪失敗
・不與他人比較
・完成的事情會確實給予評價
・累積成功經驗
・確實感受到自我成長

而這些也全都是工藤校長在麴町中學所實現的校園環境，像這樣的環境在日本還是相當少見，在歐美國家卻完全不稀奇。

再來舉一個範例，我太太原本是國際學校的校長，現在則是負責對孩子們進行個別指導，由她處理的一名中學女生是從日本的學校轉到國際學校就讀，不經意地詢問這個女學生，兩個學校有哪些不一樣，她回答「國際學校這裡比較好」，而她的理由是「因為待在日本的學校，只會被一直不斷地否定」，可說是非常沉重的一段話。

雖然進入國際學校也不會隨時都獲得讚揚，但至少幾乎不會有否定的狀況出現。這一點我在美國生活時也有感受到，當地從一般對話到個人思考在內，宣布自己的事情已經成了理所當然，這時候美國人常用的回答就是「Interesting（有意思）」，但實際上在覺得「完全不懂」、「沒有共鳴」的時候，一樣會頻繁使用這句話，卻會讓人沒有被諷刺、感覺很正面的印象，頭一次聽到這句話的時候，就覺得這是擁有尊重個人差異文化才會誕生的句子。

否定對方的文句正在增加擴大中。

從老師那裡獲得負面評價並告訴父母，而父母也容易意識到這部分，就像是窮追猛打一樣變得會沉浸在負面資訊裡，如此一來本人就會時常被這件事搶走意識，等到回過神來才發覺腦內全都是自己的負面資訊，因此變得更加沒自信，對於威脅變得敏感，壓力也會處於過量的狀態。

而且在日本，如同工藤校長不時所點出的部分，幾乎都是「孩子的問題不過就是大人擅自造成」這樣的案例，儘管孩子的特點就是還沒有適應既定的規矩或系統，卻遭到「為什麼連這樣的事情都做不到？」、「別人都完成了吧！」、「不要說話、聽我講」等的連續責罵，沒有一個大人會真心地說「你只要作自己就好」，這也能很明顯了解到孩子無法自我肯定的原因。

至於前面提到的中學女生，在日本的學校上課時，因為受到壓力的影響而出現了精神不穩定的情況，但在來到國際學校就讀以後，因為心靈誕生了餘裕，面對各種事物都積極地參與，最終結果就是連成績都像作夢一樣的突飛猛進。

## 將「對未知的恐懼」轉變成「對新事物的期待」

在考慮到兒童的心理安全感時，我認為對新事物採取積極參與的風氣，這部分同時也是麴町中學的校訓，就成為了一個很重要的關鍵。

現在這個年代會說是VUCA的年代（譯注：VUCA源於軍事用語），也就是波動性高、對未來無法確定，事物的複雜性增加，各式各樣定義變得越發曖昧的年代。

更加麻煩的是新冠肺炎疫情席捲了全球，身處在這樣的環境當中，面對未知還是新事物如果擺出拒絕的態度，只是會更加擴大焦慮以及不滿而已，當然也很容易陷入心理危險狀態。

無論是未知還是新事物都會伴隨有風險，對此感到不安原本就是大腦會有的反應，因為這些都有奪走自己生命、帶來傷害的可能性。

但是只要大腦依循「Use it or lose it」這個大原則運作，反覆進行著「克服未知的體驗」，就可以淡化對未知的恐懼。

- 挑戰某件事物並成功的經驗
- 即使失敗也沒有被責罵的經驗
- 從失敗中學習的經驗
- 下功夫就能有所得的經驗

這一類的經驗要是能夠不斷重複體驗，就可以將「對未知的恐懼」轉變成「對新事物的期待」。

但是大人卻也沒有必要勉強一定得有這些經歷，只要是孩子真心覺得「我想做！」的東西，就算是多少有難度，都可以靠他們自己去克服。

也正因為是這樣，最重要的事情就是身旁的大人們，不會直接扼殺孩子們的好奇心或挑戰精神的多巴胺式動機。

人類在本能地擁有不安情緒的同時，也一樣本能地具有著好奇心，尤其是兒童們原本就是好奇心旺盛的群體，然後是激發好奇心的Sense of Wonder，「這個是什麼？」、「為什麼會那樣？」、「有點想試試看」等等，會從孩子的內心湧出這些情緒，借用工藤校長的話就是所謂的「自我意識」，做為當事人不僅會去面對問題，進而還能夠產生「這種時候應該怎麼做才好？」這樣的積極思考。

但是如果被自己想做的情緒所推動的行為，遭到周圍的負面回饋，或者是行為遭到種種約束，在這樣的環境中長大，人類會對本該由自己發出訊號的「想去做」的衝動直接掩蓋起來。

不僅僅是這樣而已，要是根據別人說的去做並獲得表揚，這樣的經驗重複多次後大腦就會學習到運作模式，「照著別人說的去做會比較愉快」、「冒險是不好的事情」而做出這樣的判斷。

讓孩子能夠自己創造出心理安全狀態，總而言之就是不去否定孩子，然後尊重孩子想去做的心情，讓他們自己能夠透過嘗試錯誤來累積經驗。

# 第2章

# 創造孩子能安心的環境

## 讓孩子們陷入心理危險的教育現場

對於青砥先生的說明，讀者們有些什麼樣的看法呢？我想一定有非常多讓人大吃一驚的地方吧！

當人類壓力超載時，就會陷入心理危險狀態，變得很難以理性來掌控自己。我自己小時候也經常在學校被罵，所以聽到青砥先生的解說完全可以認同，各位要是也有人一樣在童年時經常遭到責罵，恐怕也會「真的是這樣」而跟著認同吧。

比方說擁有ADHD（注意力不足過動症）等特質的孩子，上課時因為無法克制自己的衝動而被老師責罵時，這個孩子就會變得越發無法控制情緒、無法停止不恰當的行為、不能做出理性的思考。而看到孩子這樣的老師，面對自己無法壓制事態的同時，又覺得自己在眾目睽睽下拉不下臉，情緒整個就會爆發出來，儘管有時候知道不對，卻還是會動手打孩子。

這樣令人感傷的景象，在全國的學校裡都有發生。

可是真實的狀況是，這個時候無論孩子還是大人，陷入心理危險狀態的可能性都非常高，而且不只是老師與學生之間會發生，親子、前後輩之間也經常看得到這樣的狀況。

光從學校的教育模式來看，造成孩子們陷入心理危險狀態的壓力因素，並不是只有責罵這一項而已。

- 校規
- 體罰
- 人際關係
- 好朋友們
- 社團活動
- 合群
- 成績單
- 作業

・隨堂考
・偏差值
・平均分數
・學測

能舉得出來的例子還有很多，日本目前在學校上課的孩子們，就快要被這些壓力因素壓垮，還有不少孩子得努力去度過每一天。

我們身為教育相關工作者，必須站在「究竟對每一個孩子的大腦發達性，帶來什麼樣惡劣影響？」的角度，重新評估當前的教育環境。

## 提高心理安全的兩大重點

孩子的成長分為身體的成長與大腦的成長，而大腦的成長並非只是塞進知識就好，還必須充分地驅使大腦運作，同時將思考力、創造力、對話能力、控制情緒能力等等透過各種體驗鍛鍊出來，才能夠培養出社會後的基本生存力。

然而，要是學校或家庭讓孩子們覺得是充滿緊張感、厭惡感或不信任感的環境，只會對孩子的大腦帶來滿滿壓力，無法有餘裕訓練大腦，為了讓孩子的大腦能夠有自由發揮的空間，應該盡可能地不對孩子大腦帶來不必要負擔，維持心理安全狀態十分重要。

所以對學校來說，有兩點就必須要同時去一起實現——

第一個自然還是將教育環境，優化成讓孩子們可以安心的環境。

至於說關鍵字也就是「失敗了也沒有關係的」、「失敗了才更要學習呀」等，而且並不是只將這些話當成口號喊喊就好，最重要的是整頓成全都能這樣執行的環境。

雖然話是這麼說，然而是否真有可能創造出總是能夠安心安全的環境，恐怕也不盡然。因為出了社會以後，總是會有著各式各樣的糾紛，所以創造出能夠處理糾紛或環境壓力等的堅強大腦，對於孩子的成長也有其必要性，換句話說，就是要培育出能夠自行發展出心理安全狀態的聰明大腦。

教育工作者的任務，總結起來我想就是這兩點了。

回過頭來想一想，在教育界盛行所謂「寬裕教育（ゆとり教育，又譯為悠閒教育、寬鬆教育）」的時候，因為有許多人都誤解了「寬裕教育」的定義，我那時常常對孩子們或家長表示：「與其增加物理上的時間，不如培養能夠隨時感受到輕鬆、充裕的能力，反而會更重要！」

比方說在學校裡，不僅擔任班長以及社團幹部還有文化祭的執行幹部，跟同學的互動也都很熱絡，就連考試都很厲害的孩子，每個年級裡總是會出現那麼幾個人，從旁來看會覺得他們忙得不得了，當事人自己卻是樂在其中。

另一方面也有幾乎都不參與學校的活動，只會在家裡玩電玩，接近考試的時候就突然開始慌張起來，嚷嚷著「好忙！時間不夠！」的孩子。

要說這兩種孩子的差別是什麼的話，就是有無具備了包含時間管理在內，能夠自我控管的能力（主要是後設認知能力）。

如果目的是想給予孩子們「寬裕感」的話，千篇一律地只是放寬時間，不過就是一種治標不治本的手段而已。真正有效的解決方法，應該是具有能夠自己創造「寬裕感」的能力，還可以透過一定程度的壓力，來首次認知到原來自我控制的能力有其限度。

## 鼓勵孩子自己做決定的「三句話」

其實有些措辭帶有神奇魔力，能夠創造可以安心的環境的同時，又可以打造出可應付壓力的堅強大腦，在麴町中學將之稱為「三句話」，在孩子出現問題的時候，做為全體老師們應對方式的指導方針。即使是家長也能辦得到，所以也特別做介紹好能在家裡同樣派上用場。

這三句話如下——

1. 「怎麼了？」（「遇到什麼麻煩事嗎？」）
2. 「你想要做什麼呢？」（「有在想接下來想要怎麼做嗎？」）

3.「希望給些什麼幫助呢？」（「老師有什麼可以幫得上忙的嗎？」）

這三句話無論是在哪一所學校、家庭還是職場，都能夠直接使用。

麴町中學因為座落在日本政治中樞的永田町隔壁之故，有許多經濟富裕且對教育十分熱心的家庭，在地的孩子們幾乎都會來參加小學、中學的入學考試。對比起現在，因為教育方針而使得中學知名度上升，希望能以第一志願入學的學生比例增加了，但在我擔任校長的時候，入學新生幾乎是在中學考試失敗以後，第二志願以下進來的孩子們。

所以每年一進入四月，校園裡都充滿了飽受挫折傷害的孩子，他們往往大量喪失自主性，散發自卑情節，這當中甚至還有從小學起就長年不登校的孩子，對麴町中學抱著最後一線希望而來報名入學。

多數這些孩子的自我肯定感都很低，也討厭自己，像這樣盡是自我否定的孩子的特色，就是會討厭他身處的環境。

「學校根本無法信賴！」

「爸媽還是大人通通都討厭！」

「老師們全部是敵人！」

「不會有值得信任的朋友！」

讓這些孩子轉變成為具有自我意識、能獨立思考、懂得判斷並行動的自律小孩，在麴町中學稱之為「復健」，而負責這項復健的主要任務就是「三句話」做為保障孩子的心理安全感，訓練出後設認知的手段，到目前為止還沒有能夠比這個更厲害的說辭了。

靠著第一句的「怎麼了？」，能夠將孩子身處的狀態訴諸語言，而這也是訓練後設認知時有意識面對自己內心所不可或缺的一句話，同時無論孩子做了什麼都不會抓狂罵人，這也是一個關鍵。

而第二句話的「你想要怎麼做呢？」，則是可以確認孩子的意志，這就是創造一個契機，能在腦海中去思考解決自己身處狀態的方法。

至於透過第三句話「希望給些什麼幫助呢？」，則是伸出援手來解決問題，實際上到最後常會是變成由大人提供選擇方法的形式，但是接受什麼樣的幫忙，或者根本不接受幫助的最終判斷都是孩子本身。

但是因為老師已經表明願意幫忙的態度，讓孩子認知到「老師是盟友」這件事，更加地能夠向孩子傳遞出心理安全感。

因為大人們不斷重複著這三句話，最終就是讓麴町中學的孩子處於只能靠自己做決定的環境。

這當然也是教育小孩的重要環節，父母不過度地口頭或親自下手干預，常常給予孩子自己決定的機會，孩子自我肯定感會跟著提高，自信以及獨立性也自然隨之生成，會這麼說是因為所謂的自我肯定感，就是會對自己產生「我只要做自己就好」的輕鬆感覺。

要讓孩子自己做決定，無論事情多大或多小都沒有關係，當大人自行幫忙下決定就會剝奪孩子的自信與獨立性，這件事一定要先有所了解。

即使是充滿對學校不信任感狀態下入學的孩子們，在全體老師不斷重複「三句話」的做法下，快一點只要七個月，就算是慢一點也只要一年半時間，孩子就能變得開始具有自我意識，並且願意去解決問題。

伴隨著孩子們的這些變化，只想在家自學的孩子還是校園霸凌都有所減少，來學校進行參觀的人們就會很驚訝於完全坐不住的一年級生的課堂模樣，與三年級生的穩重模樣的兩者間落差。

關鍵點就是同時實現—「不抓狂責罵孩子」以及「讓孩子做決定」這兩大要件了吧！

如果光只是「不罵人」，學校只會變成任意撒野的地方，就算是讓小孩自己做決定，但大人每次都會有批評的話，也會變得討厭做決定。但如果是兩大要件同時具備的話，就能夠湧出「啊！原來這間學校就算失敗也沒關係，重來就好了，可以去挑戰各式各樣的事情了！」這樣的安心感。

## 「三句話」讓孩子有這樣的改變

三句話究竟會怎樣去改變孩子的意識，使用具體範例來為大家介紹。

麴町中學在每年四月、五月的時節，上課中的教室都會有學生跑出來的狀況，只要是一年級生無論哪一班都會有一個人，而且因為逃跑速度非常快，當老師注意到的時候人已經不見了。在通知到教職員辦公室時，因為老師們早就習以為常，有空的老師們就會全員出動，「我從一樓開始找起！」、「我從六樓以洗手間為主來找！」來分頭找人。

找到學生的時候，完全看不到老師有生氣的表情，反而是用第一句話「怎麼了？遇到什麼麻煩事嗎？」來詢問，要是一般學校的話，被「你到底在幹什麼！趕快回去教室！」這樣大聲怒罵應該是最常見的景象，而孩子在這個時候也會受到驚嚇。

不過就算老師不生氣，有了「沒有被罵真是太幸運了！」的初步認知，孩子也不會馬上就敞開心胸，尤其是那些才剛報到入學的孩子，對學校或老師都還不具備信賴感，有非常多小孩都會蠻不講理。

「完全不知道有什麼必要原因得來學校！」

「那個課，無聊得要死！」

「到底為什麼要學英文！」

「我覺得那個老師就是討厭我！」

等等各式各樣說法都有，不過模式大多都是一樣的。

那麼老師在聽到這些話會做出什麼反應呢？他們不會否定孩子的說辭，而是直接接受，並用「原來如此啊」、「是這樣啊」的回應來好好聽孩子講話，還會再加上第二句話的「那麼你接下來想要做什麼呢？」表達關切。

要是突然就問「你想要做什麼？」，還沒有建立起獨立思考習慣的一年級生，根本回答不出來，而且因為早已經有碰到問題就怪別人的壞習慣，所以腦袋完全無法轉動，加上一直不信任學校，就不會曉得自己的要求能不能被允許，不過這些孩子當中，也會出現有「蛤？這個老師是把我當笨蛋嗎？」這樣反應的孩子。

大多時候光只等孩子說出答案於事無補，老師這時候就會用上第三句話，給予孩子們選擇內容。

「有沒有什麼是老師可以幫得上忙的？不過也是啦，老師我頂多能做的就是幫你換個教室而已了，所以你可以現在回到原來的教室，先忍耐一個小時聽課，或者是到我準備的別的教室，做自己喜歡的事情，如何？」

這樣一來，幾乎每一個孩子都會回答「那我要去別的教室」，之後對談內容就會變成為「一個小時可以嗎？」、「一個小時可以！」

這個時候值得大家關注的部分，就是到最後一定會發展成由自己做決定的模式。

為無法集中精神上課的孩子，準備另一間教室幾乎是所有學校都會有的情況，不過每一所學校在勉強帶回教室後孩子又會再度暴走，而老師則在所有學生面前大罵「你給我去別間教室待著！」，強制性地將人移動到別間教室。

被強制帶到別間教室的孩子因為並不是自己做的決定，因此自然會對整件事情感到不滿，但是按照個人意見前往別間教室的孩子，不要說覺得不滿了，還會漸漸萌生出「原來我沒有被討厭啊！」、「老師這種原來不是敵人！」這些感受。

大人要是採取責罵的手段，孩子滿腦子都陷入恐慌狀態，只會想著「希望趕快逃離這裡！」，這麼一來就只會跟過去一樣重複著相同情況，但不應該是這樣，而是盡可能不逼迫孩子陷入心理危險狀態，給予他們思考的餘地才是重要的事。

一開始孩子就算是透過老師給予的選項來作決定，只要多重複進行幾次，就能夠慢慢習慣自己做決定，逐漸能夠有獨立的思考模式去想自己應該怎麼做才好。

這正是自我意識萌芽的瞬間，也就是說不將自己本身的問題怪到別人身上，而是了解到靠自己來進行思考。

「還是有一部分的自己會想要逃離教室呀！但我覺得那樣做並不是什麼好主意，有沒有什麼不影響到別人的方法呢？」，會透過這樣的方式做各個面向的思考。

只要這樣做過幾個月時間，在要上自己不喜歡的課堂前，孩子就會自己來到教職員辦公室，找上自己信賴的老師，並且是「今天狀況非常不好，我不覺得自己會想上下一堂課，可以去別間教室嗎？」地來做商量。

當老師接著問到「可以啊！那今天你想要做什麼呢？」，原本一開始只會拿著老師給的平板電腦看YouTube影片的孩子，也開始會說「我現在在看一本書，可以繼續看書嗎？」、「可以繼續做數學嗎？」等等。

在確保心理安全的環境中，不斷地重複讓自己做決定這件事，即使是原本再怎麼沒有自我意識的孩子，也會因此漸漸辦得到。

## 「責罵」不是最終目的

將學校或家庭轉變成孩子能夠安心的場所，首先大人必須要意識到的部分，就是應該捨棄「必須以堅決的態度來責罵小孩」的觀念，因為罵人這件事不過就是以孩子意識為對象，或改變思考方式的手段之一而已，但卻有不少大人會將罵人變成主要目的。

然而責罵並非完全都是壞事，麴町中學只要碰上攸關學生生命安全的時候，絕對不會猶豫地予以斥責，這個觀念是全體教職員都共有的，但是除此以外，就不會出現抓狂喝斥的狀況，至於體罰這類的暴力行為是根本不可能發生。就因為無比重視「孩子會有怎樣的變化」的這個「結果」，所以「責罵」這種行為也不過只是要達成結果的一個手段罷了。

就如同青砥先生所解說的一樣，無論大人怎樣長篇大論地說教，孩子的腦子裡早已經是空白一片，想傳達的事情恐怕是半分都沒有被聽進去。只會強烈留下被阻止，被命令「不行」的記憶，並可能還會因此助長自我否定，對罵人的大人有越來越多的恐懼心理或厭惡感，甚至有可能失去了精神上的聯繫。

只要能夠全盤考量清楚會帶來的負面影響，並判斷「即使是這樣也值得罵人」，那麼就不妨直接斥責對方，要是還沒有想到這麼多，為什麼不妨以此為契機改變想法呢？

「責罵」要是帶有目的性，很容易發展成對所有孩子們「齊頭式罵人」，無論是在哪一所學校都經常可以看到的狀況。

比方說做出問題行為的孩子，從進校門到出校門為止，不斷地被不同老師責罵，孩子明明只是暫時還沒有學會控制自己行為的能力而已，但在認為齊頭式罵人才是正確做法的老師來看，這個孩子就成為應該被罵的對象，對孩子來說根本是無法忍受的事情。

優秀的老師要是遇上了這樣的學生，只要不再需要時時傳達真正訊息，就不會輕易罵人。就算實際上真的碰上需要罵人的時候，也幾乎不會出現怒吼的景象。

因為孩子已經被罵得夠多了，壓力想必早就已經滿溢出來。

如果是認真去思考關於孩子的部分，那麼斥責方式自然就一定會根據孩子所處狀況或特性，臨機應變隨時做改變，依照一定基準作齊頭式罵人，猛一看感覺好像完全正確，真正可不是這樣。

大多數情況在調整過責罵方式後，偶爾有被罵的孩子會開始說「老師就是偏心」，但實際上多數老師並不喜歡被認為「會偏心」，所以反而會極端地要做到一視同仁。

要是被說偏心的時候，我會這樣告訴學生。

「老師把你們每一個人都視為同等重要喔！所以才會改變責罵方式，如果是用跟你一樣的標準去罵那個同學，這樣他從早到晚都會一直被罵，你會希望是這樣嗎？如果換成你是他，你覺得可以忍受嗎？」

這麼一問，大部分的孩子就能理解，而有「啊，原來是這樣啊！」的反應。

在家裡也經常看得到這種狀況發生。

父母一定比誰都了解自己小孩的性格，所以從一開始，對兄弟姊妹們的責罵方式就會不一樣，但要是哪天被孩子「不可以偏心喔！」這麼一說，為了不被誤會父母的愛有偏差待遇，所以改成齊頭式責罵，只是如此一來，原本比較容易受傷的孩子，會造成他的壓力容忍值跟著超出標準。

這裡我必須一再強調，責罵只是手段，孩子的成長才是最需要優先思考的事。

當然如果一直從事教職工作，絕對免不了會出現責罵孩子的場面，不過這種時候並非一味不知變通地罵人就好，要先考慮怎樣不去傷害到孩子的心情，再依照責罵時機或順序、責罵強度、責罵地點等等，多下一點功夫是很重要的。

## 不要求連大人都做不到的事

將學校變成讓孩子能安心的場所，在某種程度上來說，最有即時效果的好方法，就是不把連大人自己都做不到的期望，強迫要求孩子必須要達成。

・跟所有人當好朋友
・要團結一致
・要齊心
・不可以有歧視
・要擁有體貼別人的心
・無論遇到什麼事都要能夠忍耐
・擁有感謝的心

另外能舉的例子還有很多，它們的共通點是全都圍繞著與「心意」有關的話題，也等於是要孩子立志成為有著這樣心智的主人，然而現實問題來了，這樣「完美人類」究竟在世上有幾人存在？即使是累積嚴苛修行的宗教大師肯定也沒有多少人，就連中國的思想大師孔子都還是到了七十歲，才終於能夠隨心所欲。

然而日本的學校卻是從一開始就拉出了「應該這樣做」的極高標準線，要是達不到這些狀態就變成會是「這樣很不幸」、「應該要覺得可恥」等反應的機制。提出理想並不是壞事，但要是沒有系統地傳授如何接近理想的「技術」，就只會給孩子造成壓力。

例如一直被老師或家長吩咐「要跟班上同學當好朋友」的孩子，要是有人怎麼努力都做不到，反而會產生「我就是個無法跟人做朋友的糟糕小孩」這類不必要的壓力。兒童發育有一個特點，要是不擅長溝通的話，會讓原本就已經不知道怎麼跟人當好朋友的小孩會更加陷入困境。

本來應該是由大人教導孩子，「每個人無論是思考方式還是成長背景都不一樣，所以有無法做好朋友的人存在是正常的事情，想跟別人變成好朋友本來就不容易，但是要能夠變成好友的話不就非常棒嗎？要不要想想看有什麼方法跟對方做好友呢？」等等，要像這樣提供實際的解決處方。

歧視或體貼也是一樣的道理，人類會討厭與自己不一樣的人事物，先認清利己主義存在的事實後，如果不告訴孩子「歧視的心情或許並不容易消除，但是能夠有意識地不去歧視別人，這是任何一個人都可以努力做到的」，那麼孩子就會由大腦主宰行動，而避免產生失控的行為。

這也是為什麼麴町中學重視「行為教育」更甚於「心靈教育」的原因了。

例如，吸引人報名來參加的領導人研修會議上，不斷地教大家「人是不會移動的」這句話，正因為是以人不會移動為討論前提，因此人就算是不會移動也不會喪失自信，而是轉變成「那麼該怎麼做，才能夠讓人動起來？」具有建設性的思考。

情緒的控制也是這樣，如果能夠在起始點就了解到人是會感到焦躁不安的，也會說出傷害別人的話語，自然會湧出「那麼應該怎麼做才能聰明地控制呢？」這樣的念頭。

這樣的思考訓練天天做，孩子們的意識以及行為就會有所改變，所以大約經過三年時間就能夠讓霸凌幾乎從校園消失，大多數學生對於人當然都是不一樣的這句話深信不疑，不會去責怪他人並且能夠思考自己該有的應對方式，所以即使班上有跟大家不一樣的孩子，也會轉變成「想跟那傢伙好好相處，這種方式應該可以吧？」的想法。

## 貫徹執行「就算失敗也沒有關係」的機制

創造出即使失敗也沒關係的環境以後，接下來並非讓孩子們每天愉快自在地度過學校生活，而是該讓他們思考如何積極面對事物。

只是學校這樣的龐大組織要想創造「失敗也沒關係」的環境，並非一朝一夕就能辦到，教職人員與老師、老師與老師、老師與學生還有學生與學生之間，如果沒有「人是會失敗的生物」、「人非聖賢」、「不怪罪失敗」的共識，就無法孕育出真正的安心感。

比方說身為校長的我面對教職人員，雖然說要他們貫徹執行「三句話」，但我自己卻是會對教職人員做出大吼行為，那麼老師也會變得喜歡追究學生的錯誤。

因此我都時時提醒自己，不對下屬大聲斥責。

當然，人是會犯錯的，即使是麴町中學也都不時會發生小錯誤、小狀況，這種時候我一定會提醒學校全體人員，「這一次雖然發生了這樣的問題，讓某個人去承擔起責任，還是光說著『大家每一個人都更注意一點吧！』是無法解決事情的，未來無論怎麼樣注意都還是有可能出現失誤，只要是人就會犯錯，隨時都有可能出現人為疏失，因此要怪的不是人而是機制，而為了改善學校的經營方式，研究出難以發生人為疏失的機制就非常的重要，就算發生人為疏失但不會連鎖引發問題的機制是什麼？就算出現問題但能將傷害減少到最低限度的機制是什麼？我希望能與全體教職員來展開徹底的討論。」

一旦出現失敗，人總是會忍不住去責怪別人，所以出現「平常做事情就很隨便所以才會這樣，害我必須要去處理平常不需要的事情，非常困擾」這樣想法的人也是非常有可能的事情，甚至因為有經常出包的同事存在，有的人反而因此覺得會輕鬆許多，因為知道自己的評價相對之下會比較好，心理上進入了安全區域之故。而這也是教職員彼此之間的階級概念、霸凌結構容易常態化的理由之一。

但是會產生這種結構的基本理由，就出在「只要是人都會犯錯」這個明明應該是理所當然的事實，但身邊同事卻沒有人願意去承認。

這裡所提到的「承認」部分，就是稍後會解說到的後設認知的核心。

當「注意力散漫」的問題浮上檯面的時候，敦促本人「反省」其實沒有辦法學到任何事情，因為最重要的並不是「反省」而是「承認」，不只是本人而已，當連身邊人都承認的瞬間，就會開始出現「那麼無論是對組織來說、對個人來說，為了防止問題發生，應該制訂什麼樣的機制才好呢？」這樣的思考。

年輕老師與家長溝通失敗是經常的事情，這也常讓該名老師會十分沮喪、失去了自信，甚至有的老師還會產生「我是不是根本不適合當老師呢？」的自我懷疑。

這時候我會這麼說，「這種失敗，在這裡的每一位老師都曾經碰過喔，不要在意已經發生的事情，與家長的溝通不成功，接下來該怎麼去做不是更重要嗎？不妨想想看該怎麼解決目前的事態，要是我的話反而會將這件事當作一個機會，努力思考可以怎麼樣贏得家長的信賴。」

承認失敗這件事，不回顧過去非常重要，要是這樣做就無法獲得安心安全的環境，如果是為了學習，而以過往為鑑自然沒問題，如果是為了反省而想看看過去，那麼最好從一開始就不要這麼做，我經常會說「成為一個經常展望未來的組織吧！」

我經常用這些話對教職員等級的人耳提面命，他們對孩子的態度也有了劇烈變化，因為他們能夠真正接受「即使是大人也會不成熟」的事實，自然也會轉變成「孩子不成熟、要任性是理所當然的吧！」這樣的意識。

我認為無論是哪一間學校、哪一個家庭，都能夠活用「三句話」。

但要是「失敗也沒有關係」的意識轉變不夠徹底的情況下，就算是用上了「三句話」，也不會跟著想法順利進行。因為當對孩子所做事情出現「無法原諒」念頭的瞬間，會有強烈壓力反應，陷入心理危險狀態，情緒整個爆發。

如同青砥先生所說的一樣，想要改變人的思考模式，就必須有意識地持續刺激大腦產生新迴路。

總而言之，最重要的一件事，就是持續而強烈地抱持「接受失敗」、「天下沒有完美的人」的意識，要是發現自己有想責怪孩子沒把事情做好的念頭時，請記得回過頭來想一想「不不、即使是自己也會失敗的吧！」

## 大人不做、也不扮演完美的人

在創造可以允許失敗的環境時，很容易忘記一件事，就是老師或父母千萬不要想扮演完美的人，我非常理解大家會有「想要成為讓孩子尊敬的存在」或者是「想成為好榜樣，扮演一個什麼都難不倒的完美大人」的心情，但是越想扮演完美無瑕，就越容易讓孩子對自己犯下的小失誤視為污點，而這也會對孩子的心理安全感造成威脅。

其實我剛擔任老師的第一年，因為想著要讓孩子尊敬我，有段時間就過度地強調著自己的長處，後來太得意忘形，原本告誡自己當老師決不可說教的行徑，卻在朝會上視為應該做的而說教了出來。

這樣一來當然就是與學生的心靈產生隔閡，不僅僅是常被我罵的孩子敵視我，就連原本崇拜我的孩子也漸漸與我離得越來越遠。

所以在某一天放學以後，我下定決心找學生來問個清楚，結果，被很坦率地說出問題：「老師，你是不是只想著自己當好人而已？」這一句話彷彿當頭棒喝！

「好像真的是，抱歉抱歉，完全忘記我的初衷了。」我是這樣回答，並且從那一天開始，就會刻意自動積極地與大家溝通，特別是在一日之始的朝會上，會積極地跟大家談談自己過去丟臉的失敗經驗。

當時對童年時代的記憶都還非常鮮明，所以我把小時候時做過的惡作劇、傷人的事蹟、凸槌的事情、丟臉的事情等等，用非常有趣的方式、甚至是猜謎方式與大家分享，孩子們都會很驚訝的說：「原來老師也會失敗啊！」，而他們的驚訝程度，足以顯見我在扮演完美的人時，對孩子們築起了多高的一面牆。

每天早上這樣執行下來，全班學生會因為我的笑話而哄堂大笑，班上氣氛也很快就恢復過來，現在回頭想一想，以往只能聽來自上位者說教的孩子們，應該是不具有任何心理安全狀態的吧！

相信在許多有著小小孩的家庭裡，都會有著「孩子害怕會失敗，所以一直都不肯去挑戰新東西」的煩惱，這種時候的特效藥，並不是一直告訴他們「失敗也沒有關係喔！」，父母親只需要積極地向他們展現自己失敗的模樣、不放棄重複嘗試錯誤的模樣，這麼簡單就可以。

在展現過幾次這樣的情況以後，再將「失敗是理所當然的事」說出來，孩子們一定可以開始透過大腦思考去理解。大人想成為完美的榜樣，多數人都會責怪起自己，「我這個媽媽做得不夠，真的很對不起」、「老師的能力不足，非常抱歉」像這樣大人會責怪起自己，而孩子就跟著學到該去責怪某個對象，然後就會變得開始責怪起自己，實際上其實是在怪大人。如此一來，就會出現問題意識，根本完全想不到當事者自己應該做些什麼了，像這種一連串的負面連鎖效應經常會出現在家庭中。

要是聽到孩子說「朋友媽媽都能這樣，為什麼媽媽妳做不到！」，心情應該會很難受，但是笑著回答「不要隨便對媽媽有過高期望喔！不是完美的媽媽真是抱歉呀！」或許是最好的方式。

## 不要拿孩子跟別人比較

對孩子來說，容易製造極大壓力的主要原因就是與他人比較，現在基於保護個人情報的立場，已經不再像過去那樣公布學生的成績，但是為了提高孩子的學習動機，還是會讓他們跟別人做比較，在日本依然將這樣的方式視為理所當然。

「一定要成為正選！」

「在全國大會上奪下冠軍吧！」

「這次一定要進入十名以內！」

「考試要超過平均分數！」等等，依舊採取對孩子強行設定目標的教育模式。與別人比較的教育方式並非全然毫無意義，像是足球選手本田圭佑這樣類型的人就很合適，一邊說著「不是第一名就不行！所以為了成為第一名而努力吧！」，一邊鞭策自己，像這樣的菁英教育方式只適合非常稀少的超級克己的孩子，或者是擁有天才般才能的小孩才有效。

但是無論怎麼努力都追不上領先群眾，或者是大多數原本就沒有興趣追上領先集團的群眾，這種方式就完全無效了。

一味地將大人自己的價值觀強壓在孩子身上，不僅會讓孩子失去自信或動力，有非常多孩子還會因此遭到揠苗助長，在麴町中學裡就經常能看到因為學測失敗而變得自暴自棄的孩子們，我很能夠理解孩子們的心情有多沉痛。

特別是有許多在地家長都在社會上或經濟上非常有成就，在他們「念東大早慶是應該的」、「全班第一名是應該的」的偏差價值觀下教育長大的孩子，就更會覺得自己抬不起頭來。

以工作來說，講究結果論當然是沒有辦法的事情，可是畢竟不是職場，學校可以容許無數的錯誤嘗試，也不僅只是在踏出社會前的一個準備階段而已。

若以結果論來討論的話，與其現在就要求要有結果，為了能夠得出好的結果，學會如何能有自己的應對方法才更為重要，尤其是失敗的經驗更加地重要，因為透過失敗可以確實地將下過苦工的方法變成自己的東西，並且透過重複經歷而擁有穩定下來的能力，對接下來的人生中一定能夠無數次地幫上自己，這也是為什麼學校或家庭得是能夠允許失敗的環境的原因，即使是無法照自己所想進行，身邊的大人們依舊能夠溫暖守護，我想要為孩子們提供這樣擁有安心感的場所。

在學校裡應該讓孩子學會自我成長的能力，就像青砥先生說過的一樣，該是「讓自己成長的能力」，這樣的能力可不是記住龐大知識就能夠學得會。在自我成長上的必要觀點來說，是跟隨時間序列追尋自己的變化，絕非是與他人比較而來。

要打比方的話，學校對高爾夫球來說就像是可以自行揮桿的練習場，以棒球來說則像是打擊中心或練習賽，儘管只是練習賽，但身邊的大人發怒「是怎樣，怎麼會有這種表現！」時，無論哪個孩子都會因此退縮，無法盡情地好好練習。

這樣一說，會有家長就反應「考試可不是練習！」，可是如果將考試太過認真看待，覺得必須要親子一起共同抗戰，就會壓迫到孩子們變得沒有能夠嘗試錯誤的餘裕了，要是運氣不好考試失敗的時候，甚至有可能讓孩子會因此變成過度害怕失敗的膽小鬼。

麴町中學會盡可能地排除任何讓孩子們與其他人做比較的契機，在介紹過幾個跟考試有關的問題以後，除了廢除定期考試，也轉而引進單元測試，當事人有需求的話可以進行二度測驗，當然也不會通知學生考試的平均分數，希望孩子將焦點時常放在比較現在的自己與未來的自己，了解成長中哪些才是必要的部分。

## 實現孩子「我想做！」的社團活動

在孩子的學校生活中，社團活動中占有相當高比重的部分，但是體罰、嚴格訓練、勝利至上主義、唯心論的指導等等，許多日本的社團活動依舊還不是能夠創造出讓孩子擁有安心的環境。

「無論社團活動出現什麼樣的狀況，因為是孩子自己選擇要做的，多巴胺式（「我想做」）動機不是應該會提高嗎？」，可能也會有人這樣想，但是要知道，孩子並不是追求體罰或嚴格訓練才加入社團活動，而是運動本身，或是喜歡某種樂器，還是對某個主題很純粹地「想做做看」的心情為前提而執行。

既然是這樣，我認為學校裡的社團活動的最優先目的，不就應該是「享受」才對嗎？日本的社團活動很容易會依照指導者的價值觀來執行各項事務，有時甚至會將「勝利」、「團結一心」、「膽量・氣勢」等設成最優先目標，而其結果就是假日不休息地長時間練習，或者是遭到指導者日常性地怒吼，出現軍隊般上下服務的關係等等，都被當作是理所當然的事情，讓社團活動變得一點都不好玩，不斷有孩子就算是原本具備才能卻被指導者或學長們所打敗。

重複下來，勝利至上主義只能對一部分孩子有效用，可是學校不應該是篩選菁英的養成所。

接下來就來介紹有時也會被體育教練提到，在網路上十分知名的丹麥足球協會的十個指導條例——

①孩子們不是你的所有物

②孩子們熱愛足球

③孩子們與你一起走過足球人生

④孩子們即使有他們要追尋的事情，你也不能提出要求。

⑤你的欲望不能透過孩子們來實現

⑥可以提供建議，但不能將你的想法強加給孩子們。

⑦保護孩子的身體，但不能左右孩子們的心靈。

⑧教練要與孩子們齊心，但不能讓孩子們像大人一樣踢球。

⑨教練支持孩子們的足球人生很重要，但是必須讓他們自己思考。

⑩教練可以指導孩子們，但是勝利是否重要的決定權在孩子本身。

這十個條例應該都會是讓人震驚的內容，但其實不只是社團活動，在學校或家庭裡也適用。

就如同青砥先生所指出來的一樣，孩子找到「我想做！」的這件事，正是讓孩子學會自我成長的最佳機會，與自己面對面，了解自己的課題，並且為了突破困境而靠自己下功夫努力，這個時候所學到的東西可以運用在未來人生中的各個場面。

但在大人一味地追求成績、勝敗的情形下，多數孩子都會喪失自信或動力，甚至會因為大人持續不斷下達命令「做這個」、「做那個」，孩子也失去了自己思考的機會，毫無好處的社團活動得取消假期去參加，正是日本現在的社團活動實況。

幸好還有得救的地方，就是這些意識改革並非只是紙上談兵的理想論而已，過去很有幸地認識了Nielsen北村朋子這位丹麥記者，也問出了我一直很在意的事情。

「十個指導條例直指教育的本質，實在很讓人感動，但這些說法被訴諸成文字，並且分發給全丹麥的少年足球指導人員，這是不是說丹麥在過去也都沒有做到這些事？」然後就獲得了「就是你說的這樣」的答案。

丹麥以前其實也都有著會粗暴罵人的教練、為求勝利不擇手段的教練、想把球隊變成個人財產的教練等等，可是這樣一來原本應該人人一輩子都能享受，讓每個人都覺得幸福的體育活動，就無法傳授給所有的孩子們，所以足球協會才會動起來，把這樣的觀念普及到活動，實際狀況也因此獲得改善。現在就算是孩子們無論怎樣練習都還是學不會，也不會因此而遭到責罵，發展下來的結果，不只是足球而已，而是幫助所有的體育「常識」都讓人有全新的認知。

我有一位在海外經營留學支援事業會社的日本人朋友——藤井巖，他放棄了原本在高盛集團、JP摩根公司這些外資金融企業的成功生活，十幾年前移居到紐西蘭展開全新的人生，後來有機會與他特別針對日本教育與紐西蘭教育的差別，從各種角度來做討論，而這也幫助了我拓展對教育的視野，來介紹一下從他那裡聽到與體育相關的有趣例子。

在他居住的地區裡有著一所名為Nelson College，紐西蘭歷史最古老的學校，雖然是使用學院的稱號，但在日本來說就是國高中合併的男子學校，從十三歲到十八歲共五個學年，有約一千名左右的學生就讀。

提到紐西蘭，大家印象最深刻的當然就是「黑衫軍All Black」，屬於全世界首屈一指的橄欖球大國，在這所男校裡的橄欖球活動自然也非常盛行，孕育出多位入選紐西蘭國家代表隊「黑衫軍All Black」的優秀選手。

藤井先生也反問我「你覺得這所學校裡有多少個橄欖球社團呢？」，依照日本來說社團應該只會有一個，就算是數一數二的名校最多也是發展到二軍、三軍，這是根據金字塔原理所能做出來的合理分析，就像我現在擔任校長工作的橫濱創英中學‧高等學校，雖然在神奈川縣裡也是出了名的橄欖球名校，但社團數量也沒有特別多。

但是尼爾森男子寄宿中學（Nelson College）非常驚人，橄欖球隊每年可以組成十隊左右，實力最強硬的選手會納入稱為First Fifteen的一軍，至於稍差的人則分別會歸入Second Fifteen、Third Fifteen，再來還有與這三支球隊不同的數支Under17球隊、Under16球隊、Under15球隊等，依照每一個年級的報名人數，由學校來幫忙組成多支球隊。

各支球隊大約都是二十五人上下，到了比賽季節，會讓所有球隊（等於是全部球員）在每個週末的比賽通通都能上場。

實力最好的First Fifteen、Second Fifteen等球隊，當然會將比賽勝利看得很重要，但是學校的大前提卻是讓參加社團的每一個人，透過參與橄欖球這項運動，創造出愉快的回憶，這也讓人非常感動！就像是丹麥一樣，與日本對待體育的基本思考方式完全不一樣。

但是令人吃驚的事情還不只是這樣。

他們平常的練習時間少得驚人，就算是頂尖球隊也只有每週兩次，而且是為了週末比賽而讓球隊進行的練習而已，日本的教練一定會想問「練習得這麼少真的沒問題嗎？」，然而紐西蘭卻認為「因為都還是中學生，唸書自然是本分的事，但他們也會對橄欖球以外許多東西都有興趣，要把時間用在哪裡、怎麼用，都應該由本人自己決定！」才是最基本的事情。

這樣的教育風氣跟不僅要有肌肉訓練、跑步等等個人基礎練習，還會半強迫大家一起練習的日本式訓練，完全都不一樣。

繼續以紐西蘭尼爾森中學來舉例，同樣是到了冬天的賽季，足球也是會全校組成十支隊伍，籃球也是在同樣時期組成十支球隊，有的孩子會同時參加不同的社團活動，還有的文武全才同時報名橄欖球與小提琴社團。

要是將眼光放及全世界，還可以舉出無數類似的例子，我想日本的體育還有非常多進步的空間。

## 停止貼上會誘發自我否定的標籤

被大人強行貼上標籤而充滿壓力的孩子，或是失去自信而厭惡自己的孩子非常的多，例如具有自閉症類群障礙等發育特徵的孩子，就被認為不擅長溝通，或者是會對某件事有著強烈堅持。

雖然會做為診斷時的參考，但實際上也應該有這樣的狀況。因而很容易產生——「這個孩子的發育上有這種特徵，所以一定不擅長溝通！」這樣的假設，雖然心裡要怎麼想旁人無法控制，可是多數的大人都會對孩子不經意地說出口。

所以在學校裡，我與這些孩子說話的時候，他們自己都會說「我不擅長跟人溝通」，這也正是在他們腦內對自己的印象，非常強烈地貼上了「不擅長溝通」的標籤。

真的是很讓人難過的對話內容。

我也告訴這樣的孩子，「你完全沒有不擅長啊！現在不就順當得在跟我說話嗎？」，實際上只要是對他們有所理解的大人，都能夠進行一般對話，這時候孩子就會說「對啦，跟大人是還可以講話……」，那就繼續跟他們聊下去。

「我知道啊，你想說的是跟朋友溝通很困難吧！但是沒關係的，畢竟以後變成大人，同世代的也幾乎不會經常聚在一起，需要跟同世代的人勉強生活在一起，頂多也就到高中為止而已，上了大學以後就會認識不同年齡層的人，所處的世界也會一口氣擴大，只需要跟自己合得來的人往來就好，就算現在覺得很痛苦，也沒有幾年時間了，未來的人生還很長，所以你完全不需要太過在意。」

而且，就算是不擅長溝通、很難跟人面對面溝通，還是有很多孩子在發電子郵件或網路聊天完全沒問題，所以任意將孩子做分類其實是很危險的事情。

讓孩子擁有自信，或者是深深地傷害他們，都是因為身邊大人所使用的「言語」。青砥先生也有對消極偏見一事做了說明。人對於自己的缺點、弱處、失敗經驗等等與負面相關的部分，都會自主地有所意識，但是人能夠使用的意識卻有限度，當自己在意的部分越來越多的時候，大腦就會對這些以外的事情沒有餘裕可以思考，然後就跟著變得越來越退縮。

原本該挑戰各種事情，靠自己多下一點功夫，讓自己能夠漸漸成長的場所應該是學校才對，卻變得沒有那樣的心情，心靈的餘裕也是意識的餘裕，為了創造意識的餘裕，「別去意識到無謂的部分」就至關重要。

該怎麼消除孩子心中被貼上標籤的負面自我形象，我認為是教育工作者非常重要的任務之一。

## 別提供不需要的協助

為了讓孩子具有問題意識，有很多人會相信指導者的工作就是對他們指指點點，所以日本的學校或家庭才會出現過度的批評，或許這樣的作法多少會達到目的，但相反地反而是失去的更多，對於這件事我也希望教育工作者應該有更多認知。

比方說有個性就是大而化之、考試時容易粗心大意犯下小錯誤的孩子，多數大人都只會關注在考試結果，不會去深入思考就直接對孩子說出「小錯誤很多耶，你要再多注意一點喔！」

在這種時候，大人首先該意識到的應該是「有必要在這個時機點上，特別去批評孩子嗎？」

犧牲掉孩子的自尊心、自律心、心理安全感、自我意識等等，只希望能解決某個問題的大人，這時候所想的其實多數人只是深信著「現在立刻就要有結果」、「必須隨時都完美才可以」而已。

其實我們可以將想法切換成——「所謂的學校，就是擁有許多失敗體驗，並從中自我學習的場所」，就算別的孩子考試拿了一百分，自家孩子只拿五十分也沒關係，重要的是等待那個拿了五十分的孩子，開始主動思考「以後我想要拿更高分」的時機。對一個不想被教導的孩子來說，強行要求他們進步只是徒勞無功而已。

在容易對孩子插手干預的日本，這樣的狀況只多不少。

例如一開始不在乎自己只拿五十分的孩子，發現跟自己差不多程度的好友突然取得了高分，只要這樣一點點小契機，經常就可以讓他們打開鼓足幹勁的開關，千萬別錯過這樣的時機，只要輕輕伸手推一下就是最好的應對方法了。

在這個時候最好還是要讓本人有所自覺，例如要是發現孩子因為考試分數而覺得煩惱時，就可以使用三句話的「怎麼了？」、「你想要做什麼呢？」來詢問，等到本人給出了「對這種實在很不擅長」這樣的問題提示，接著只要給予具體建議就好，要是孩子擺出對問題不在乎的模樣，可以問「是在哪一個環節上弄錯了呢？」，不妨嘗試讓孩子自己體驗自我分析看看。

就算是提供建議的時候，也沒有必要直接說出「你在這裡很容易粗心犯下小錯誤」，把內容轉變成「唉呀，這種問題要是沒有仔細看完題目就很容易出錯呀！」用這種讓孩子容易客觀地看待自己錯誤（不責怪自己）的角度，會是最理想的說法。

至於解決方法也不該由大人直接說出來，而是應該盡可能讓小孩自己去思考。靠自己發現問題並予以克服的經驗，或者整個過程中能靠自己下功夫去發現的經驗，對孩子來說會非常有成就感，所以自然而然也會跟著冒出「來找別的問題吧！」、「這個方法來用在別的地方看看吧！」等等的積極態度。

無論是為了創造心理安全感而不做任何批評，還是為了能夠自律而讓孩子自己思考，總結到最後就是「大人能夠忍耐到什麼程度？」

順帶一提我的二兒子現在在高中擔任物理老師，因為是同業，對我來說想給兒子教育方面的建議、想傳授的經驗多得不得了，但實際上只要對方沒有開口，幾乎就不曾提供過任何建言。

身為父母自然會覺得很沮喪，但是對於他只要是自己還沒接受就不隨便相信的態度，也會覺得這就是他的優點而很佩服，二兒子從小時候開始就喜歡靠自己在錯誤中摸索來讓自己成長，非常堅持這麼做的一個小孩，所以原本就不是會聽我說些什麼的孩子（笑）。

## 讓孩子的心靈有地方寄託

就像在日文中**「老鼠被追急了，也會反過來咬貓（窮鼠猫を噛む）」**的這句諺語，意思是**當人被逼迫到走投無路的時候，大腦就會開始無法正常運作。**無論什麼狀況，都不要把孩子逼到極致，否則對孩子的心理安全感會造成極大的破壞。

像是在對學生非常熱中指導的學校裡，長年以來所有老師都只會對學生們喝罵而已，那麼會產生什麼問題呢？因為沒有釋放壓力的地方會使得孩子們彼此間出現嫌隙，認真的孩子會覺得——「都是因為那傢伙讓老師生氣的不是嗎？」而有不滿，被責罵的學生則是想著——「又在同學面前說教，反正大家都討厭我吧？」，當事人的大腦中完全聽不進老師的話，沒有一件好事。

在注意到有這樣因果關係以後，一旦又有孩子出現問題被某個老師責罵時，我反而會特別去關注孩子們的部分。

具體來說，我只會說——「在英語課堂上又發生了呀，我有聽說了，我也要跟你們道歉！」，這樣一來孩子們覺得就算自己失敗了，老師也一樣還是自己人，這對孩子來說會有極大的安心感。

因為學生被別的老師責罵，身為班級導師的我也應該跟著罵人的思考方式，是很自然的反應，可是我要是一起跟著罵人，就會與孩子們變成對立關係，我認為孩子們會變得無所依靠，更加地討厭起學校了。

這個道理同樣可以實踐在家裡。在我們工藤家要是覺得孩子不罵不行的時候，我或太太其中一人扮黑臉，另外一個人就離開現場，這也是我們夫妻間說好的規矩。雖然我很少罵人，但偶爾發飆的時候太太就會立刻離席，從我眼前消失，這樣一來，罵人的事情就只侷限在我與孩子之間，太太對於整件事是完全不知情的存在。

然後在接近我快罵完人的時候，太太會再悄悄地回到房間，抱住孩子給予安慰，這時孩子會立刻嚎啕大哭，太太也只是邊說著「沒事沒事」，一邊摸頭安撫，雖然只是這樣的發展，對孩子來說卻非常地安心。只要在這個家裡重複幾次，就算被罵也不會被爸媽捨棄的體驗，就能夠連結成自我肯定感。

以學校為首的各個不同場所中，總是可能發生一些糾紛或失敗，所以對孩子來說，無論什麼時候有著一座最後城堡般的安心存在，可說是非常重要的事。

「無論你處於什麼樣的狀況，只要有你在就很幸福，我們會無條件的珍視你，所以要安下心來」，能夠充滿自信這麼說的人，原本就應該是在孩子身邊的大人。

對於下半段主題的後設認知，「究竟能否給自己適當的建議呢？」、「經過諮詢要是想不出來好的答案怎麼辦？」而覺得不安的父母一定很多，但即使是大人終究只能透過訓練來改變自己的大腦，首先只要先想像出來，孩子究竟抱持著怎麼樣難過的心情就好，一開始的時候這樣做就很足夠。

反而若是更加去注意到「有沒有讓自己的孩子感受到無條件的愛」、「家庭是否是容易給予心理安全感的環境」、「有沒有將自己的期望或價值觀加諸給孩子」應該會更好。

## 牽動心理安全感的正確讚美方式

是否該為了讓孩子擁有自信而讚美？
是否該獎賞孩子的努力而讚美？
是否該為了改善惡化的關係而讚美？

無論是學校教育還是育兒，讚美都是件非常重要的行為。

儘管是這樣，但一味地讚美是否真的對孩子有幫助？事實並非如此，我認為讚美方式有兩個重點要注意。

第一個就是不讚美結果，而是讚美過程。雖然在學校教育或育兒界裡不斷一直這麼宣揚，但至少在日本的學校中就幾乎沒有在做。

要讚美的不是考試拿了一百分，而是讚美孩子為了考出一百分所下的努力。

就算只考了三十分，但孩子完成了他自己的挑戰，就該被讚美。

對於過程有所意識可說是後設認知的最佳訓練方式，為了能夠這麼做會在第4章再來做更多解釋。一旦身邊大人都只會讚美結果的時候，孩子的意識就會集中在等待結果出爐，要是結果不好的時候，就會認為自己沒有達成大人的期待而感到非常羞愧。

要求練習比賽要有成績這種事，對孩子的成長原本就是非常不必要的壓力，所以盡量避免去讚美結果，反而可以讓孩子獲得安心感。

另外一個關鍵就是讚美的時機。

孩子小的時候沒有這麼多意識還不成問題，但當他們進入青春期的時候就會變得比較棘手了。

特別是與大人關係十分緊繃的孩子，就算大人為了改善關係而開始讚美小孩，小孩心裡會想——「反正只是不用心的讚美而已！」，反而是更容易因此遭到反彈。

這種時候我們向老師或家長推薦的方式，就是透過第三者來讚美。

比方說在母親與女兒關係緊張的家庭裡，不是由母親開口來讚美女兒，而是請父親來開口說——「之前曾經發生這樣的事情吧，妳媽媽有稱讚妳喔！」，雖然很不可思議，但是透過第三者來說，關係不再對立，孩子也更容易坦率地接受讚美。

請務必一定要試試看。

## 提升預測精準度可減少壓力

為了培育出能對抗壓力的強悍大腦，只能夠不斷累積突破壓力的經驗，將具備自我意識、順利解決問題的經歷不斷重複，無論遇到多少問題都不再會覺得是問題了。

以我自己為例，我的教師生涯是從山形一地開始展開，但身為老師頭一次感受到巨大壓力卻是在轉到東京開始，日本的公立學校的教育文化會隨著都道府縣而有明顯差異，來到東京第一所學校的教師生活，讓我充分地感受到了為達成目的不擇手段的做法無處不在，或以精神理論和恐嚇來管理孩子被視為是正義的等種種的不合理做法，這個時候我深深以教師這個職業為恥，甚至是真的動了想要辭職的念頭。

雖然每一天都在煩惱，但是用盡全力誠實地與學生們相處，不僅僅是從學生這裡獲得了回饋，也開始由家長和其他老師們確實地感受到對我的信賴，所以堅持不懈地與周邊不同聲音對話，漸漸地學校也開始有所改變，廢止了好幾項不良文化等等，我也強烈地感受到無論是山形還是東京，教育都是不會改變的，強行將東京的教育模式與山形做比較，而導致種種不開心都是自己的原因。

無論遇到什麼樣的壓力都直接面對，不跟其他事情作比較，並予以改善的重要性，對我來說是一段深刻學習到的重要時光，並且還要感謝當時讓我學會這一切的學生們。

我接著被調派到的是東京都內首屈一指的流氓學校，在這裡的五年時間也是十分特殊的經歷。

「希望自己能夠成為一名將來給眾多學校帶來良好影響的校長」這個相當含糊的目標，在某種程度上來說，那時也是下了強烈決心變成現在的自己的時候。從竊盜、恐嚇到破壞行為等等的暴力事件，在這所學校可說是家常便飯，每天都有犯罪問題發生，需要處理的課題堆積如山。壓力當然非常大，可是自己也有自覺，在一開始決定接下這個任務後，對於問題就以很不可思議的樂觀心態去面對，儘管一部分的老師已經放棄了，但我直覺卻認為「狀況的確很糟糕，但一定有什麼方法可以解決」，完全接受現狀就不會變得不幸，課題只要一個接一個的解決就好，所以需要把學校每一個人都變成當事人，這也是我當時的想法。

然後我又被調派到教育委員會，在東京都的教育委員會任職的一年裡，因為想更加貼近教育場所，而被轉到了目黑區教育委員會，當時的經歷同樣是無法一句話就說完，教育委員會與行政的業務及課題，為了拯救學校與區民創建了網路系統、相關的法律依據、議會對政策決定的影響力或掌控議會機制的方法到學校的資訊與通訊科技ICT化等等……說都說不完。但是處理與學校各式各樣利益相關者關係的專業性以及對話技巧、人脈等等，獲得了驚人程度的提升也是在這幾年裡完成。

當時的教育委員會依舊還是一個非常典型的上下階級分明的世界，非常徹底執行使喚下屬做事的一個職場環境，那時過了四十歲的我就是從打雜開始做起，就算擬好文件草稿，只要沒有獲得指導主任、主任、課長蓋章，就無法呈給教育長看，就算是被看過了也會被改得面目全非，完全背離我的真意的內容。每天睡眠時間大約只有三個小時，一年三百六十五天裡的休假日僅僅只有十天左右，可說是瀕臨過勞死狀態。在黑心企業裡工作的四年時間，一言以蔽之，就是一個遺留著日本惡質文化的世界，這對總是以理性做思考的我來說，真是一個壓力如山大的場所。

這個期間有過許多次情緒差點崩潰的狀況，但自己也從過去的經驗早就很清楚知道，光是抱怨無法改變任何事，所以也不知道在腦海裡多少次有意識地提醒自己，直接面對、接受並將課題一一解決，我也不怕被大家誤會就這麼直說了，當時非常強烈地感受到——「光靠誠實無法改變教育，去理解各式各樣人們的立場與現實面，在各種層面都會需要有可靠戰略」。

之後在目黑區的學校擔任副校長，接著是新宿區擔任ICT企劃小組的領導或指導課長等等工作以後，來到麴町中學第一次就任成為校長，二〇二〇年時到了年紀退休，現在是私立橫濱創英中學・高等學校的校長，同時也是該校經營主體的堀井學園的理事。

職位的提升使得我的職務範圍也跟著變廣，面對的問題當然也會跟著增加，這是一定的事情。特別是以我來說，在全新的職場裡工作並不是「該做些什麼才好？」這種思考類型，而是採取「我能做些什麼呢？我能改變什麼呢？我能產出些什麼呢？」的心態來工作，所以問題無論到哪裡都會跟著變多。一般來說，在剛剛換到一個新的職場時，會因為壓力而變得無法控制自己，但是我回頭看看過去的自己，很深刻地感受到壓力這種事會隨著年紀增長，職場的改變而日益減少。

與來參觀的他校校長等人談話時，就會被問到「工藤校長做事很游刃有餘啊，這種心靈的餘裕是從哪裡得來的？」

我想我的心靈餘裕（心理安全感）是來自於過去成功與失敗經驗而學會的預測能力，知道有障礙擋在前方時，能夠事先規劃出可迂迴繞過的小道，就算是有自己不擅長應對的人，也能夠事先想出好好相處的方法，不斷地去排除問題，感覺就像是在提高自己下棋得勝的能力。

例如被分配到新職場之際，不僅還沒有辦法贏得周邊的信賴，團隊也一定有會扯自己後腿的人，而且依照經驗也知道，就算鼓吹正確言論也不會有人因此動搖，所以首先要做的就是接受現況，以這樣的思考模式來開始（並非悲觀思考，直面接受可說是後設認知中最為重要的部分）。

在接受了現況以後，就會開始產生「那麼該怎麼做才能達成目的？」的念頭，一邊預想著各種如「得到這個人的信賴應該就可以改變流程」、「對這個人用上這句話，應該可以得他的同意的答案吧？」，最後一定可以想出最合適的一招，當然有時候這些預想也會落空，可是卻是能夠提高預測精準度的重要學習。

沒有人可以在一開始下棋就使出大絕招的。

總之比起理性，人更容易被情感所驅動，所以這樣一來讓預測變得更加不容易，但是別因此而放棄，可以就自己所能處理的範圍做預測，提高經驗值是很重要的事情。

越是沒有這樣經歷的人，在碰上被「將軍！」的一瞬間就會陷入慌亂裡。

## 學校是體驗錯誤與失敗的場所

雖然會需要不斷重複進行，但是大人讓孩子們積極去體驗錯誤或失敗等各種狀況，是很重要的事。

「麻煩總是會發生的！」

「人就是要從問題中學習！」

「一定有辦法可以突破困境！」

只要讓孩子們建立這樣的想法，面對問題時就不會出現非必要的害怕，進而能夠確保心理安全。

看著孩子陷入苦惱的樣子的確會很難過。在家裡，看到從學校回來的孩子一臉落寞模樣，做父母的自然會出現「想要幫忙！」這樣的心情吧，但越是這種時候越要忍住，去了解「孩子從這樣的經歷中學到了什麼？」才更加地重要，而且這樣的狀況多重複幾次，就能夠自然而然地懂得事先躲開糾紛，即使發生問題也可以擁有自我控制的能力。

同時還有必須要注意的一件事，就是孩子的心理安全感，對於有著麻煩困擾的孩子，「完全放手不管」、「讓他們自己想辦法去解決」也是太過極端的做法，應該是依照孩子的性格思考合適的搭話內容，例如「『遇到麻煩』這種事，在成長上可說是很重要的喔！」這種帶有最低程度意義的話語，就很重要。

不僅僅是這樣，如同「有什麼需要幫忙的話，要說喔！」第三句話所代表的意義一樣，知道大人可以成為一道安全網，會變成孩子安心的來源之一，搭配第三句話還可以加上「要是怎麼樣都無法靠自己完成的話，依賴別人也是變強的方法之一喔！」等等隨時提供救援的說法，一定可以讓孩子更加地安心。

並且就如同青砥先生所提到的，人對壓力的耐受度都各有不同，即使是發生了同一件事，A同學依舊可以保有心理安全狀態，但B同學就會產生壓力超載的問題，所以在學校裡的重點就是——老師必須事先清楚辨別每一個孩子的現狀或特性。

麴町中學廢除了班導師制度，而是改由學年所有老師全面守護學生們，所以對於孩子們的變化也能夠一一分享，而且這樣等於是日常多出許多雷達關注著學生們，而學生自己也會更容易知道出現問題時，該找哪一位老師商量，比起班導師制度的時候更加輕易了解到孩子們的細微變化，而且對於每一名學生或家長的應對也是責任制，在彼此都互利的狀況下，更好維持著可令人安心的環境。

## 教導孩子拆解問題的方法

麴町中學採取「雖然會給予建議，最終還是要靠自己去解決」的基本做法，雖然會放手讓孩子們自己想辦法挑戰各式各樣的錯誤，但為了不讓孩子們陷入思考的無盡迴圈，我經常拿出來說明的就是壓力因應（面對壓力主因的處置法）的四個模式。

首先，會對孩子們這麼說：

「當問題發生時，應該會有覺得靠自己也解決不了的時候吧！這個時候你們會採取的行為模式，大致區分的話會有四種—忍耐、轉換心情、想辦法解決問題，還有就是找人商量。大家應該大多都會選擇忍耐或者是轉換心情，但這並不是最好的方法，最有效的處理方式其實是將剩下兩種行為混合嘗試看看才對。」

如果要更具體來說的話，當有問題需要解決的時候，就是盡可能地從客觀、多角度的觀點，將一個問題分解成多個小問題並寫下來，接著再將這些寫下來的項目，繼續區分成「靠自己可以解決的部分」以及「解決不了的部分」。

而在「靠自己可以解決的部分」上，只要思考處理的先後順序、如何去解決就好，至於「解決不了的部分」，基本上是找人商量即可。

像這樣把問題清楚地整理出來，應該就會發現原本覺得「超級大」的問題，其實也沒有那麼嚴重，這樣一來加在大腦的壓力也能夠減輕非常多。

雖然只是提供解決問題的大致思考方法，但是孩子們的行為卻是能夠逐漸產生變化，當他們遇上了自己無法處理的問題時，會願意去找朋友、父母或值得信賴的老師商量，有些孩子雖然一開始只會找自己身邊的人來說，但是透過這樣自己想辦法解決的體驗，不斷重複進行就能夠學習到「斟酌商量對象原來也是一件重要的事情啊！」，讓他們解決問題的能力有驚人的成長。

第3章

# 什麼是後設認知？

## 自我成長不可缺的技能

## 什麼是後設認知？

教育最基本的目標，在第1章中已經提到，就是學會靠自己的力量成長的技能，以及懂得創造出屬於自己的幸福狀態，而要實現這兩者最不可或缺的「狀態」就是心理安全感，不可欠缺的「技能」則是後設認知能力。

所謂的後設認知（Metacognition），是從認知心理學領域中誕生的概念，Meta帶有「高階」的意思，因此直譯就是「（對自己）認知的認知」，簡單來說也就是「認識自己」。越是擁有高後設認知能力的人，越是能夠正確掌握自己的特質或癖好，而目標達成的能力或問題解決的能力也比較高。

後設認知的明確定義會根據研究者的觀點而有不同說法，我自己個人的後設認知，指的就是「從高處鳥瞰自己，學習自我的能力」。

重點有兩個——

第一個就是如何認識自己。

對自己不為人知的部分，像是自己的思考、行為模式為首的個人大腦特性，關注自己轉型等的軌跡，必須能夠從高處來俯瞰這些部分，這是後設認知中絕對不可缺少的。目前社會上對後設認知有著各式各樣的解釋，但共通點就是都以自己為對象，透過發現另一個自己般的感覺來與自己認識。

不過光在高處俯瞰自己，做為後設認知的「技能」還不足夠。

這時候就是第二個重點——「自我學習」了。

面對自己，將從中得到的情報確實地刻畫在腦海裡，我想這不就是後設認知的基本意義以及作用嗎！

在後設認知的定義中，也有些例子並不包含自我學習，但如果要將後設認知導入教育體系的話，我認為還是應該要包含在內。

## 客觀與鳥瞰的差別

前面我對後設認知的定義使用了「鳥瞰」，而不是使用「客觀」這個詞彙。雖然世上有許多字句會被視為同義詞來運用，但是我非常明確地將這兩者區隔開來使用，只要能夠理解兩者當中的差異，就能夠了解後設認知的本質，所以我希望再做更詳細一點的說明。

首先所謂的「客觀」，就像是大家知道的那樣，屬於主觀的反義詞，也就是「當作別人來看待」，而依照認識自己的邏輯來說，也就是「像別人那樣地看待自己」。

要是把客觀再繼續細分下去，還可以分成兩類。

一種就是「依賴外部情報來看待自己」的例子，以學校為例就是考試、成績單上的數字，以公司為例就是來自上司、同事、人資、客戶的回饋或評價，都可以歸在這一類。

第二種是「靠內部情報來看待自己的例子」，也就是說依循自己的記憶看見自己，最典型範例就是學校或企業經常舉辦的「檢討會議」，靠著追溯與自己本身相關的記憶，來提高看待自己時相關情報、判斷的正確性。

客觀看待自己的行為，是在後設認知中不可或缺的部分，但是與自己相關的情報，想經由「單一定點」審視並從中獲得學習（處理資訊並更新大腦），卻是相當地困難。

要獲得學習就需要「複數定點」進行審視，而這就稱為「鳥瞰」了。

在大腦中有著所謂的「Neurons that Fire Together Wire Together（神經元一齊開火、一齊串連）」原理。

不同資訊在相同時機裡被想起來的機會，只要多發生幾次，大腦內就會自行將A情報與B情報搭配組合在一起，所以在叫出A情報的時候，B情報就會自動地跟著一起出來，知名的「古典制約理論（classical conditioning）」就是依據這個原理為基礎。

如果說以客觀角度看待自己，在大腦中屬於創造個別的「點」的行為，那麼所謂的鳥瞰角度就可說是這些「點」的連結了，而其結果就是包含大腦產生變化的過程在內都是後設認知。

來以實體範例做說明吧！

假設孩子要挑戰單槓翻轉，很可惜的是無論怎麼嘗試都翻不過去，將整個過程拍下來讓孩子自己看，這時候因為屬於定點角度，所以就只是「以客觀角度看待自己的狀態」，雖然可能會有孩子這樣就能夠有所收穫，但是應該也會有孩子會因為清清楚楚地看著「無法翻單槓的自己」而喪失幹勁。

那麼這種時候就不只是播放當下的影片而已，何不試著把第一次成功抓住單槓的影片、完全無法蹬腳的影片也一起放出來給孩子看呢？

「一開始還是這個樣子，但是現在已經進步到這個階段了！」，或許可以讓孩子發覺自己的成長，而這就是後設認知。

或者是找出很會翻單槓的人的影片，拿來跟自己的姿勢做比較，以此來發現自己的問題所在，這樣的方法也很不錯，最後就是將現在的自己對象化，有可能因此了解到「自己過去都無意識地這樣去抓鐵桿，或許做一點改變會比較好也說不定！」，而這也一樣是後設認知。

闡述客觀與鳥瞰的不同，還有一個容易了解的例子，那就是日記或每日報告一類。就如同前面提過的一樣，檢討並表達自己的行為，是由客觀角度看待自己的最為有效的一個手段，可是如果根本不去讀它，那就不能期待會有什麼學習效果。

既然都已經寫了下來，不妨偶爾翻翻看，就有機會找出「原來自己經常會寫這種主題啊！」或者「在這種情況自己原來會這麼想呀！」等等屬於自己的軌跡，而這種在腦內進行情報處理的時候，就是大腦在展開後設認知的使用方式。

而證據就是當人正在進行後設認知時的大腦狀態，與正在進行模式學習時的相同大腦部分被活化了。要是能夠知道自己的思考模式或言行模式，那麼有想要達成的目標出現或課題需要解決時，就能夠制訂出合適的對策，這也是為什麼在自我成長中，後設認知不可缺少的原因。

## 越是沒有習慣面對自己的人越會卸責

提高後設認知能力的第一步，就是增加面對自己的機會，把自己當成一個對象來認識的行為，套用專門用語就是「內省」，人擁有越多的內省機會，腦內就會發生物理變化，確實地型塑出「與自己有關」的情報。

就像是本書一開頭工藤校長所提出來的問題，日本教育最令人垢病的地方，就是欠缺「培育孩子們的自我意識」觀點——

不順利的時候就怪罪他人。

不滿意的時候就罵人。

找不到對象或藉口可以卸責的時候，總之就是社會或時代的錯。

像這樣把責任推卸在別人身上的想法，終究就是沒有面對自己的習慣，自然也就不會產生「有可能是自己的責任」、「有可能自己也能辦得到」之類的念頭了。

怪罪別人並非與生俱來的性格，單純只是長年以來大腦的「壞習慣」而已。

所謂自我意識的真面目，就是大腦是否擁有著以下這樣的情報傳遞結構：當在處理外部進來的情報時，內部情報（關於自己的情報）也能夠一起點燃。

而串連神經元的迴路隨時會產生接上、中斷、變粗、變細等等變化，所以孩子能不能成為擁有自我意識的人的分岔口，最終就還是以「能夠怎麼樣地面對自己」的經驗值影響最大。

## 難以內省的理由

「就算拿不出什麼驚人的概念，但是面對自己，這樣誰都辦得到吧！」可能會有人這麼認為。

的確這對於平常就這麼做的人來說，不會有什麼太大的難度，畢竟這些人從孩提時代開始會有「我是個喜歡沉思的孩子」、「我是個喜歡閱讀的孩子」、「為了實現目標，我是個會自己不斷嘗試挑戰錯誤的孩子」等這類想法，面對自己的機會就比旁人還要多，所以可以說他們會更容易變成擁有高後設認知的大人。

但是從神經科學來看，面對自己的行為絕對不是容易的事情。

理由有兩個──

一個是除了人類以外，幾乎沒有能夠內省的動物。

內省需要非常高度的大腦功能，同時也因此對大腦帶來極大負擔，在進行內省時的指揮中心就是前額葉皮質，要說當人在「面對自己」的時候腦內發生了什麼狀況，就是會以位在前額葉皮質後方的大腦所有部分為對象，開始驅動或進行情報檢索，所以有很多人即使是想做內省的行為，大腦也容以因為疲累而敬而遠之，自然而然就中止思考。

另外一個理由就在第1章中說過的，人類意識有界限。

光是處理外部情報（通過五感而來的情報），人的意識就經常處於緊繃狀態，所以刻意擋住外部情報轉而面對自己的內部意識，就必須像「有意識地」的文字敘述一樣去進行才辦得到。

特別是在現今的時代裡，我們每個人幾乎是人手一台智慧手機或平板電腦，數位裝備是擴大人類功能的便利工具，同時也是能夠馬上接觸到又刺激又有魅力情報的「意識吸引機器」，而且它的吸引力是與時俱增，無論是媒體也好，廣告商也罷，還是應用程式設計師、內容開發製造商，都不斷從錯誤中做嘗試好努力爭取使用者對自己的注意力。

這也很必然地會讓我們原本擁有的自由時間，會被瑣碎的外部情報輸入所分散，而與其成完全相反比例的，就是面對內部情報（自己）的時間會減少。

面對自己的重要性，早從西元前希臘阿波羅神廟裡「認識你自己（希臘語：γνθι σεαυτν）」的這句話開始，就在人類的歷史上一直不斷地被提到，所以對全世界產生強烈外部刺激的Google公司，會積極地對員工引進冥想、正念觀念訓練，也就沒有什麼好奇怪的了。

## 容易依賴外部評價的「自己」

要是面對自己的機會減少了，對於自己相關的訊息來源自然就會偏向外部情報，來自老師、父母、同學以至於社交媒體上的評價等等，這一類來自第三者的評價同樣也會帶來正面效果，所以不能全部都認為只有不好的部分，但這樣就沒有多餘時間可以內省「自己原來是這樣的啊！」，而是一味地沉浸在「你就是這樣！」的情報裡，那就非常有可能會變成腦內唯一關於「自己的情報」。

詩人相田光男（一九二四年生，日本知名詩人、書法家）曾說過一句話我非常的喜歡，那就是——「別人的標準、自己的標準，各自的尺度都不相同」事實也的確是這樣，別人的標準雖然是認識自己很重要的情報，但是能夠用自己的標準看待自己，也只有人類辦得到。

要是全依賴外部評價來型塑自己，最終就很容易被周邊意見所左右，太過介意別人對自己的看法，變成無法積極喚起行動的大腦，由於狀態非常不穩定，一旦遭到扭曲就可能會「迷失自己」。

為了防止這樣的情況，而在給予孩子們面對自己的過程中，孩子自己的喜惡、重視的事情、堅持之處、擅長不擅長、想做的事情、覺得開心的事情等等，協助他們去創造屬於個人的標準就很重要了。

而這並不是難事，基本思考方式就是——

- 不將大人的標準加諸在孩子身上
- 不否定孩子的標準

實際上只要這麼做就好。

## 後設認知只能由擁有後設認知能力的人傳授

對人類來說，要面對自己已經很困難了，現在還要從高處鳥瞰自己並且從中學習，即使是大人都有難度，沒有後設認知的大人是無法靠自己去學會後設認知能力的，金牌運動員或頂級經營者會特別再接受指導的原因，就是深入了解自己過程中，為了不落入意識迷失，從而會需要有「思考的陪伴者」。

當然了，孩子們也一樣很難靠自己的能力去獲得後設認知能力。

為了幫助孩子們學習到後設認知，只能由擁有後設認知的大人成為同行陪伴人士，並且持續地給孩子大腦提供適當負擔。

首先就是從面對自己的訓練開始，等到能夠自然而然地進行後，就來做點與點的銜接練習，接著開始累積小型成功經驗以後，就能夠無須大人輔助，自發地找出自己的課題並思考出對策，變成自動自發型的人。

而能夠做為實證的就是麴町中學。

實際上將後設認知教育引進教育系統的最大難關，就在於並非每一位老師都具備有後設認知能力，工藤校長在麴町中學上任時，擁有後設認知的老師人數就相當有限。

這時候工藤校長採取的行動就很重要了，他並非對著老師們直接要求「給我提高後設認知能力！」，而是從「三句話」開始來將各式各樣的事情結構化、規則化——

◆不斷重複進行自己做決定的結構。

◆增加表達自我的機會的結構。

◆不與他人做比較，而是面對自己的成長的結構。

具體的內容會再交給工藤校長來介紹，上述的結構以工藤校長為首，拚命地思考並引進教育現場的結果，就是讓無論對後設認知多麼不擅長的老師，最後在某種程度上都能夠扮演陪伴者的角色。

在思考未來的教育應有模樣時，對於老師們的要求，我相信應該就是成為能幫助每一位學生面對自己，突破各自課題的教練般的存在，不過這也僅僅只是一個理想理論而已，因為需要高度後設認知能力的輔導，可不是靠著兩、三天的研習營就能夠辦到。

就跟孩子一樣，大人也有必須要持續地實踐、改變大腦。

後設認知不是件簡單的事情，要知道它並非一朝一夕就能夠建立。這也是一開始在培養孩子的後設認知時，應該先有所理解的部分。

但也沒有必要因為在現階段還無法建立後設認知，就感到焦慮或陷入自我嫌惡當中，要是身邊暫時沒有能擔任後設認知教學老師的人，那就去閱讀教育書籍、聆聽演講、尋找可輔助思考的工具、書寫日記、接受輔導等等，一點點地試著去改變大腦吧！

最重要的事情是，千萬別忘記「自己具備了後設認知了沒有」這個意識。

這裡也提供一個重要的建議——

像工藤校長或木村校長這樣對孩子們持續給予正面影響的人，擁有許多如「這種時候只要這樣應對就可以了！」的有效指南，無論哪一樣都是從豐富經驗以及極高視角所提供的建言，我也是常常因此茅塞頓開。

雖然很想積極地將這些經驗法則全部應用出來，但這並不是靠著讀書就能記住的知識、成為自己的所有物那樣簡單，依經驗法則培養後設認的過程中陷入了心理危險狀態、無法引出記憶等，可說是經常發生的事。

比如說麴町中學的「三句話」。

在平常責罵孩子的狀況中，改為平和地詢問「怎麼了？」的行為，知道了能帶來的效果就會覺得「我知道了」，可是是否真的能夠做到呢？我想應該很困難吧！

正因為如此，最重要的就是要學習找到適合自己的應用法則，反覆練習自己處於心理安全狀態的時候，越是覺得「以前的自己絕對不會做」的處理方式，越是必須增加有意識地使用它的次數。

經過多次使用將它變成自己的記憶後，在情緒即將爆發的時候，該項法則就比較容易成為自己的「自然反應」，就算很難有百分之百的發揮，但是絕對能夠提高啟動機率。

## 鍛鍊後設認知的理想主題①「糾結」

可在教育現場派上用場的具體運用法則就交給工藤校長負責，至於我則想來說明，關於鍛鍊孩子後設認知，最佳主題的「糾結」以及「夢想」。

我們都在成長過程中突破了許許多多的糾結，在糾結的當下應該都只有感受到痛苦，但是之後再回頭看，會覺得「正因為當初發生過痛苦糾結，所以才有現在的我」的人應該很多。

所謂的糾結，就是在下決定的過程中，出現「覺得兩邊都是正確答案，互相衝擊下而難以做抉擇的狀態」。

像是在大腦自己分成A與B，彼此衝撞、爭執得沒完沒了，這時腦中會引導出各式各樣的情報，拚命要做出一個沒有答案的答案，所以會因此消耗大量能量，這也就是為什麼當人處於糾結狀態時，會引發強烈的壓力反應了。

會覺得糾結很痛苦是自然反應，所以有很多人在糾結狀態時會因為「太麻煩了」而打算停止思考，事實上，一旦長時間糾結下去就可能會導致海馬迴萎縮，或者是引發憂鬱症，所以要注意不讓孩子處於慢性壓力狀態也是非常重要的事情。

但是如果換個方式來看，「A與B的自己在衝撞」其實是多個定點同時點火的一個鳥瞰角度，在認知到「原來自己腦海裡有這樣的想法，也有那樣的想法啊」、「以前都一直這樣思考，原來也有別的方式」，對孩子來說會是非常重要的學習。

要想將糾結體驗轉變成重要的學習，就要把糾結的事實與自己下決定的事實，加上最後出現的結果，將這三種時間序列不同的情報同時點燃。

但恐怕孩子無法自己辦到同時觸發，因此老師、父母這時就是很重要的零件了。跟著成功辦到的孩子一起覺得開心，這可不能當作句點，不妨可以再補充一句「但是那時候的確很困擾吧！」，而面對失敗的孩子也不僅僅是安慰而已，或許能再給予「你已經靠自己想出很多事情了，不就充分顯示你成長許多了嗎？」的鼓勵。

像這樣的體驗多重複幾次，在面對到糾結狀況時，就不再會覺得糾結是壞事了。

無須被成功或失敗的「結果」所困住，而是充分感受「成長」這回事，這麼一來自然會開始產生「在這次的糾結結束後會有什麼呢？」的期待感。

孩子容易直接面對的糾結主要還是在升學的煩惱，比方說父母希望孩子去念升學率好的學校，孩子本人或許不討厭唸書，加上也想符合父母的期待，而且就讀升學學校還可以增加將來的穩定度，但其實孩子自己的內心是對藝術有興趣，對於相關科系出名的學校也很注意。

如果這時候身邊的大人沒有發覺到孩子內心的糾葛，出現了「我不會害你，就乖乖聽話選升學學校吧！」強行制止繼續糾結的手段，就完全沒有學習效果了，往深一點來說，就會成為「迷惑的時候交給大人決定，我會很輕鬆！」的結論了吧！

要是最終結果不順利的話，只會留下「都是因為那傢伙害我變得不幸」種種不滿而已，這樣真的是非常遺憾。

每次遇到問題，都是大人馬上指揮孩子「做這個」、「做那個」，缺乏任何糾結經驗就長大，那個孩子不是被培養成無法自己做決定的人，就是會成為躲避糾結的人，大人會希望事情變成這樣嗎？所以需要冷靜下來好好思考。

應該有人也注意到了，工藤校長的「三句話」完全就是誘發糾結出現的話術。糾結就是最強的大腦訓練，大人千萬不能阻擋孩子的糾結。

## 鍛鍊後設認知的理想主題②「夢想」

與糾結並列為孩子後設認知鍛鍊最理想的主題就是「夢想」或「目標」了，為孩子創造出一個能夠不斷描繪個人夢想的環境，是屬於大人的基本義務，進一步才會是後設認知的訓練。

這一次的研究有非常多機會聆聽到工藤校長與木村校長兩人的演講，印象最深刻的部分就是他們說話都有著主軸核心意識，無論遭到怎樣的反駁，或者是從刁鑽角度提問，都有著自己的一致性。能夠具有這樣的一致性思路，必然是從平常開始就有深入思考，並且對於與思想相關的行動每天實踐進行，才能因此讓大腦留下了強烈的記憶。

非常多人都可以把自己想要成為什麼樣的人、想要實現的目標等一一說出來，好比一年之始立下今年新目標，學校作文寫下未來的夢想，簡單到每個人都做得到。

但是這些行為多數都僅僅只是在那一瞬間，由前額葉皮質思考並引導出來的答案，不過就是反射性的回應而已。

真正需要的並不是「反應」，而是要將這些想法轉化成具有一致性的「狀態」，天天持續思考自己想要的模樣、想做的事情，就非常重要了。

稻盛和夫（一九三二年生，日本知名企業家）也有一段話讓我印象非常深刻——「重複想著相同的夢想，那麼夢想就會越來越鮮明，清晰到細節處都能看得清楚，接著再看就變成了彩色，那就是展望」。

同樣的事反覆思考，深入挖掘想法，放大或微觀，還是透過模擬來進行，一開始還是黑白的單調夢想，就能夠轉變成如同現實一般的狀態。

無論是運動員還是經營者，想要實現巨大夢想的人們的共通點，就是持續不斷地思考，例如蘋果創辦人史蒂夫・賈伯斯（Steven Paul Jobs）會每天對著鏡子自言自語，聽說松下幸之助（一八九四年生，日本松下電器創辦者）也是一個會每天對著自己責罵、鼓勵都做的人。

為什麼說持續抱持著相同的念頭，會成為後設認知的訓練呢？這是因為無論多麼不擅長後設認知的人，不可諱言他們終究最先意識到的永遠會是自己。

在目標還很模糊的時候或許不會注意到，但隨著清晰度提高，會認真地開始思考起該怎麼做才能實現它，就不得不直接面對自己的強項、課題，自己的信念或堅持等等，最後一定會轉變成這樣的狀況。

不論夢想是否會實現，能夠真誠地面對自己、提升自己的經歷，將會成為自己一生的武器。不清楚孩子會在什麼時候打心底想要嘗試著去描繪出夢想，但也沒有必須因為現在沒有夢想就責怪他們。

當孩子開始說出自己的夢想時，該怎麼樣去提高他的熱情或認真度，我認為身邊大人的支持會有相當大的影響。

## 靠後設認知實現的幸福感

後設認知不僅僅促使我們成長，也是對每一個人傳遞幸福的重要能力。

我原本對於不理解的事情都提不起興趣或是有偏見，即使是認識了神經科學，展開大腦研究之初，一樣是一味地追求理性思考，對於那些難以用邏輯理解的人的「感情」就直接拋諸腦後，可是越是了解大腦，越知道人的情緒、感覺對於人的思考模式或行為能帶來絕大的影響，從此之後「什麼是人的幸福」也就成為我的研究目的之一了。

而從中得出來的一個結論，就是——「想要幸福的話，就必須經常面對自己的幸福」，所謂的幸福並非從某處可以追求得來，需要持續、積極地面對自己，才能夠進而實現「幸福狀態」，也就是「幸福感」。

「幸福（快樂Happy）」與「幸福感（Well-being）」是兩種似是而非的東西。

所謂的「幸福」是大腦顯示的短暫反應，受到與平常不同的刺激時，打亂大腦的平衡狀態，腦中某個部位出現了通電、化學般的反應而已，可是人類就算平衡狀態被破壞，還是會恢復原樣，因此當「幸福」的反應出現時，只要沒有察覺到就難留存於記憶中。

所以首先應該就個別的反應視為「點」來認識，接著在將這些透過後設認知把「點與點」銜接在一起，就能夠頭一次知道「我的人生，並不是一件壞事」。

## 找出每天最開心的事

提高孩子的後設認知能力與自我肯定感，同時能實現幸福感的簡易手段，有一個我想推薦的，就是每天詢問孩子「這一天發生的最開心的事」，非常簡單但是效果卓著。

如果是要在家裡進行，不妨選在全家吃飯的時候彼此互相報告。

這時候連家長也能夠一起進行後設認知的訓練，還是一個好機會，可以慢慢去替換掉容易累積在腦內的負面資訊，但是不需要硬性規定每天什麼時候做，只要在輕鬆對話中帶進來就很足夠。

關鍵在於應該要每天都做。

為了加強內省的迴路就會需要經驗，只是人的記憶會比當事人想得還要更加模糊，其中有個特性就是一旦時間軸拉長了，就會忘記大部分的資訊，僅會留下印象特別深刻的記憶（專門用語稱為「Peak-End Rule，峰終定律」）。

人類越是帶有強烈情感的記憶，越容易固定在海馬迴上，但是峰終定律卻比較容易傾向於「生氣」、「失敗」、「覺得很可恥」等負面經驗，容易遺忘日常中發生的小確幸，所以檢討回顧就最好是趁記憶還很新鮮的時候。

確實地記下細微的資訊，與當時的心情完整地回想一遍，透過分享的行為一點點地將與自己有關的正面情報刻畫下來。

在與他人談話的同時，還可以找到自己有興趣關注的方向、重視的價值觀，容易覺得幸福的關鍵等等，來慢慢地建立出後設認知。

另外一個重要的關鍵部分，聆聽者必須完全接受說話者的言語內容。

由我主辦的工作室裡，偶爾會出現有著「為什麼？」、「怎麼樣？」、「什麼？」等邏輯要求的人，雖然將自己的反應用言語來表達，也是很重要的後設認知訓練，但是對孩子來說不僅是高水平的技巧，腦內迴路也並非一朝一夕就能完成。

由於人的感覺或感情原本就是非語言的反應，無論做什麼事也並不總是會有理由，但不能因為無法用語言說明理由，就去輕忽整個反應，非語言性的反應同樣應該要獲得重視，從而可以轉變成容易滋生「太好了！」、「好棒！」、「很開心！」、「喜歡！」等正面情緒的大腦。

事實上人腦有一個稱為前腦島（Anterior Insula）的區域，會主觀地監視情感強度，雖然是在日常生活中比較少有機會使用到這部分，但要是每天重複回憶起曾經發生過的大小愉快事情，該區也會在Use it or lose it原理下被強化，這麼一來，就能夠變成即使只有小小幸福出現，大腦也可以發現的。

將自己內心話說出來的訓練，可以等到大腦轉變為擅長內省時展開就很足夠，首先就是會接受「雖然不知道為什麼，但我就是有這樣的感覺」的事實。

最後請讓我來分享一個，過去曾聽我演講男士的故事。

這位男士是很能幹的經營者，不論是在家裡或是在職場都一樣充滿幹勁，甚至有每天跟孩子開檢討會的習慣，擁有強烈的課題意識去度過每一天，屬於靠強大意志力與自律天天改善行為的經典商務人士。

但是被強制配合的孩子看起來並不幸福，男子看到這樣的孩子，他自己的心情也非常鬱悶，但因為深信「學習解決能力的課題，對孩子的將來一定能夠派上用場」而持續他的做法。

但是聽過我的演講之後，男子改變了思考方式。

他來跟我報告，後來在每一天的檢討會上，有意識地把重點放在孩子成長的事情，或值得開心的事情等等，不但自己跟孩子相處時的壓力因素消失了，家裡成員的對談增加了，最重要的是每天在幸福的氣氛下入眠，讓人無比開心。

請大家務必嘗試看看！

第4章

# 鍛鍊孩子後設認知能力的方法

## 後設認知能力需具體而持續地使用

我在麴町中學一直以來的目標，就是讓孩子們懂得「自律」，而將自律置換到腦科學範疇裡，核心概念就是「後設認知能力」了。神經科學部分的定義已經由青砥先生做過說明，但是我在給孩子們解說後設認知的時候，會使用的定義其實非常多元——

- 了解自己的能力
- 控制自己的能力
- 讓自己成長的能力
- 把負面轉變成正面的能力

大致上來說，不外乎是上面列出來的內容。

就如同青砥先生所說的，後設認知能力並不是透過簡單的後天學習就可以學會的，在我身邊就有著很多為了提高後設認知能力而去參加講座的大人，也有非常多人接受專屬指導，但是這些人的後設認知能力究竟有沒有提升，答案不見得都會是肯定的。

無法順利培養、提升後設認知能力的關鍵原因就在於——我認為有一些人在大腦理解原因的同時會覺得滿足而結束，也有很多人雖然將理念融會貫通而變成已知事實，卻因無法持續實踐而告終。

所以在學校裡，要想幫助孩子學會後設認知能力時，從孩子們到老師還有家長全體人員，都一定要充分理解「認識自己、改變自己」的重要性，並且在維持如「三句話」所代表的心理安全感的同時，持續進行訓練的結構或制度，必須由大人完整的建立，我認為是非常重要的事情。

## 優秀的人會了解自己

那麼應該怎麼做，才能夠讓孩子們理解到後設認知的重要性呢？麴町中學為了讓學生好好地了解到後設認知的概念與其重要性，就是搭配孩子們最常發生的「三分鐘熱度」為例來說明，而且無論是在哪一所學校還是家庭裡都能夠適用，在此也提供出來成為大家的實用參考。

三分鐘熱度這件事想必每個人都有經驗才對，好比在學校裡隨便一問「有沒有人是三分鐘熱度啊？」，沒有一個孩子會舉手，但是如果改問：「有沒有人覺得三分鐘熱度很可恥啊？」，這回就是所有人全都會舉手了。

儘管每個人都有過這樣的經驗，那麼為什麼會抱持丟臉這樣的負面印象呢？那是因為在日本要是想挑戰某樣新事物時，大人總是會理所當然地說出「加油」、「忍耐」等鼓勵論調的緣故不是嗎？

就算被說了加油，但還是不順利的時候，孩子就會覺得「不順利的原因就是因為自己不夠努力」而將失敗經驗與加油論結合在一起，認真的女孩被認為容易罹患過勞症候群，會產生過勞症候群的原因就來自於——自己已經被「想成功就必須要努力」的想法占滿，施加了超過自己所能接納容量的負擔之故。

可是大腦並不是為了努力做事而設計，如同青砥先生的說明，要是遇到新事物、性質不同事物，或者是讓自己感覺到痛苦的事情時在根據體內平衡、保存能量、防衛本能等等理由就讓大腦會自動關機。

也就是說——人類的三分鐘熱度其實是很自然的事情，根本就不需要為「無法做到最好的自己很糟糕」這樣責備自己，反而「靠加油鼓勵來克服三分鐘熱度的習慣」本身才是錯誤的。

要是有孩子覺得做不到最好的自己很糟糕而陷入低潮，大人務必要好好告訴他們「你完全沒有錯，這樣是很正常的表現」，開始進行克服三分鐘熱度或後設認知的訓練。

那麼如果要克服三分鐘熱度，具體上應該要怎麼做才好？

人腦在使用上會有偏好，在無意識狀態下就算想要展開新東西，大腦卻怎麼樣都不肯接收，為了抑制大腦本能的拒絕反應，只能重複不斷有意識地進行新刺激好讓大腦習慣。

這也就是說要克服三分鐘熱度，只能說對於原本不能重複的部分，透過一定手段來重複練習了。

那麼應該要怎麼重複呢？這個時候就可以拿頂級運動員來舉例。

「你聽過打橄欖球的五郎丸選手吧，這位球員在踢球之前，會出現各式各樣的動作，那些既定的行為模式就稱為例行公事，為了能夠在緊張的比賽場合中盡可能地發揮自己的實力，五郎丸選手於是跟代表隊伍的運動心理教練，一起想出了那樣的招牌動作，對於緊張的自己說『不要緊張』是完全解決不了問題的，但五郎丸選手是反而是承認自己在緊張，並且思考出就算是處在緊張的局面裡，還是可以輕鬆重複理想踢腿的『機制』」。

這麼一解釋，孩子們也能夠聽得懂。

只要是人就一定會緊張，想要變輕鬆，失去注意力或直接遺忘，最重要的部分是首先自己一定要知道，自己在這樣的狀況下容易變成何種狀態，然後為了防止這種狀態發生，思考除了鼓勵加油論以外還可以做哪些努力。

在招牌動作以外還會被提到的，就是美國職棒大聯盟洛杉磯道奇隊的大谷翔平，他在高中時代曾經使用過的**曼陀羅計畫表**。

所謂的曼陀羅計畫表就是為了表達出如何實現目標課題的一種思考工具，將一張紙做成九宮格，各自再繼續做成九宮格，共計會有八十一個空格。

在最中央的空格寫下最終目標（「八支球團選秀第一名」），而包圍在空格周邊則是寫下八個能實現最終目標的手段（也就是課題）。然後在這八個課題中，最外圍空格的中心這時再一一分別寫下八個，為了達成該項課題的具體方式。

例如，大谷選手為了能夠成為選秀被指定的第一名，覺得自己必須要成為一個強運的人，而為了成為運氣極強的一個人，所以他寫下了需要幫忙撿垃圾、打掃房間、跟人打招呼等等題目，聽說大谷選手到現在在美國都還會幫忙撿垃圾，這同時也表示這項行為已經被他內化的一個證明。

這裡最重要的部分，就是大谷選手在分析自己的課題並變成語言的階段中，他一定不是依照「能做到最好的人、還是無法做到最好的人」觀點來看待自己，想要突破課題就得經常去正視它，所以才會特意將曼陀羅計畫寫下來（可能還會貼在牆上）好能夠時時都看得到。

不論是五郎丸選手還是大谷選手，他們的最大共同點就是都很了解自己，能夠客觀地看到自己，但是只有這樣是不夠的，不僅需要重複改寫自己的潛意識，更需要懂得建立出一個重複寫入的機制。

## 為什麼應該讓孩子自己來解決？

麴町中學從「三句話」開始，徹底推動「靠自己察覺課題，並由自己來思考解決對策」以提高後設認知能力，為什麼會需要自己去應對課題，下苦工去超越？因為這樣的體驗會成為孩子一輩子的武器！

能不能「靠自己」非常的重要，當然大人可以從旁協助，但還是要了解到最後必須是要自己決定。

經由經驗而學會的行為特性，就稱為勝任力（Competency）。

企業經常會在新人招募面試中，提出「在前一份工作中有什麼樣的成果？那時候直接遇見的問題有什麼？是如何克服的呢？」的問題，這種時候面試官想知道的是在面對課題時，會如何控制自己的情感，如何以鳥瞰方式審視情況，為了實現目標會如何制定戰略，如何去推動其他的人等等，是否具備有排除種種障礙的能力。

在筆試中絕對無法測驗出來，推測一個人的能力最不可欠缺的就是勝任力，而後設認知能力又是這項勝任力的主要核心。

透過經驗學習到的能力，接下來就可以輕鬆地予以發揮，這麼一來經驗就會更加地累積，然後不斷地磨練該項能力。

這樣的事實只要是成年人，大家一定都懂得，在孩提時代透過運動或音樂體驗到達成某種成就的人，只要在唸書時認真面對就一定看得到成果，做為經營者擁有驚人成就的人，即使改變行業也一樣能夠成為活躍的專業經營者。

這是因為就算擁有的知識改變了，做為能力基礎的勝任力卻一樣是不會改變的。

在十幾歲、二十幾歲時，儘管後設認知能力會因人而異，但老實說看起來差異應該不會很大，可是如果是到了四十幾歲，持續不斷鍛鍊後設認知的人（懂得讓自己與時俱進的人），以及完全不做任何訓練的人，兩者間的差距就會非常明顯。

正因為是這樣，後設認知能力從孩童時代就應該開始慢慢地訓練，至少在出社會的時候基礎已經確實地打好，而這件事我認為應該就是學校的工作了。

## 「不反省」是第一步

從前面提過的三分鐘熱度，或者是例行行為等話題中可以了解到，後設認知能力是可以靠著**提高鳥瞰自己能力的同時**而獲得，在這個時候需要注意的就是**「不反省」**、**「不責備自己」**了，因此對於父母或指導者來說，也必須徹底執行**「不責備孩子」**、**「不否定」**。

當然了，事先擁有與自己相關的客觀情報，在後設認知上是一件必須的事情，專注於自己的訓練也有必要性，不過就像是青砥先生所寫到的那樣，就算孩子本人不需要，但都會從學校、家庭、補習班到同學等，獲得如洪水一般的外部評價。

對於建立後設認知來說，重要的並不是將關於自己的情報或評價拿來做為「否定自己的材料」，而是將之改變成為「讓自己成長的養分」的一種意識改革，這也正是所有一切的出發點。

為了改變這樣的意識，我們就必須徹底改寫多數人認為是常識的思維大前提。

「目標成為理想的人」↓「人總是會有起有落的」

「只許成功、不許失敗」↓「只要是人都會失敗，所以就算失敗也沒關係」

「去念好學校」↓「學校也不過只是個訓練場而已」

「合群」↓「每個人都是不一樣的」

「靠氣勢突破」↓「辦不到是很正常的事」

像這樣的意識改革不僅限於所有的學校，大人要是持續去否定孩子，即使孩子能夠以鳥瞰角度認識自己，卻一樣無法改變會不斷責怪自己的結構，結果就是會大量製造出喪失自我肯定感、缺乏自我意識的孩子。

而我會特別感受到「不否定」這件事的重要性，就是在必須去說服某個人的時候。

要是對方屬於擁有高後設認知能力的人會另當別論，但是對於相信自己思考模式、行為模式都沒有問題的人，要是一開始就對他說「那樣不對喔，應該是這樣才對」，恐怕沒人會直接回答「對，你說的對」吧，只會出現熱血充腦、無法做出冷靜判斷、情感對立的狀況而已。

正因為人很難從鳥瞰角度看待自己，所以自己覺得對的事情一旦被人正面否決，就無法回頭看自己了。

這跟讓孩子進行後設認知的情形會是一樣的，只要大人能夠充分注意到不否定、不責備、不反省，提供完整的心理安全感，那麼孩子就能夠好好去思考，偶爾也可以坦率地承認自己的錯誤。

## 一句話就可能剝奪了建立後設認知的機會

大人對孩子所說的話，真的是具有非常大的意義。

假設孩子要開始進行演講練習，這個時候讓孩子發現自己問題的最有效率方法，那就是錄影或錄音了。

順帶一提，我在當老師的時候，會主動把上課全程錄音下來，然後在家裡聽一遍，這麼一來就很容易發現「這句口頭禪改掉應該會比較好」或「這樣的說法恐怕會有孩子因此受傷」，無論怎樣不擅長客觀地、鳥瞰地看待自己，透過錄影或錄音就能夠強制地與自己切割開來。

所以使用智慧手機幫孩子錄下演講練習吧！或許孩子會一邊覺得害羞一邊講，但肯定會發現自己有許多值得改善的空間。

這麼一來大部分的大人會在無意識間，說出「你怎麼這麼害羞啊！」吧，但實際上就是這麼一句話，會阻礙了孩子的成長。

現今日本的教育主流就是會敦促孩子做反省，老師在說出「面對自己」、「找到自己」時，基本上是要求反省的意味較濃厚，但是並不應該是這樣做。

對於孩子來說，在被要求觀看自己的影片時，一定會發現自己在害羞，了解到問題以後，也會湧出想要解決問題的心情，肯定會想著「有什麼不會害羞的方法呢？」

可是要是被大人潑冷水「你太害羞了」，孩子腦海中只會剩下「我在大家面前講話失敗了！」的記憶，自己的意識也會被反省、後悔或者是對將來感到不安所吞沒，「可以講得更好一點」的心情也可能因此被削弱，同時面對給了負面回饋的大人充滿不信任感，甚至常常會因此而選擇不開口說話了。

這也就是說，即使給予孩子機會去客觀地認識自己，但是大人如果一味地批評的話，好處是半點都不會有。

那麼在這種時候，應該選擇使用什麼樣的詞彙最合適呢？應該要注意的關鍵其實與「三句話」相同。

- 不否定對方，對於現狀都說OK。
- 詢問孩子自己怎麼看？想怎麼做？
- （依照場合）說出和對方所想完全不同的內容
- 詢問還有沒有什麼希望提供協助的部分

來為大家舉出最為理想的對話範例。

括弧內是談話內容想要傳達的真實意圖。

「哇，很不錯啊，你自己怎麼看？」（給出OK的回應，再詢問本人的看法）

「嗯，可是……感覺彆彆扭扭的……」

「完全沒問題吧，嗯，想要做得更好嗎？」（孩子有反省的意圖所以給予肯定，並確認清楚想法）

「對」

「那真是很棒的想法，而且還能夠發現到問題在哪裡，已經很棒了不是嗎？只要在問題點做改變應該就足夠了！」（讚美孩子知道將意識矛頭對準自己，提高改進欲望）

「對啊，是這樣！」

「我的確也有發覺到能夠變得更好的提示，想知道的話我可以告訴你。」（傳達出有解決的方法，但最後讓孩子自己決定）

就像這樣，大人應該要意識到的部分就是讓孩子接受原本的自己，並且由他們本人來思考，要不要讓事情往更好方向發展，這個時候恐怕會有人抗拒不說真話而是說反話的吧！可是最值得優先考慮的，就是不讓孩子喪失反省的氣勢，所以對於眼前所有一切現狀都直接是OK的反應。

當然我也不可能永遠都會這麼順利進行。做為老師的立場可以順利地完成，但是回歸家庭時就會受到情感左右而導致失敗的狀況發生，不過只要從平常開始就有意識地注意，就算一時失敗之後還是會願意跟隨，所以不妨首先從簡單的課題開始嘗試。

## 讓孩子充分了解到過程

幫助孩子增加面對自己的機會，最簡單的方法，就是由大人主導讓孩子把注意力放在過程而非結果。就如同前面所介紹過的正確的讚美方式，多數大人到最後忍不住「讚美結果的行為」，完全無法讓孩子產生其他念頭去關注過程。

如果一直不斷地稱讚過程，那麼孩子的意識就會轉而變為追求**「過程的品質」**。

最具代表性的一個例子，就是麴町中學廢除了定期考試及回家功課這兩件事。

有了定期考試，「定期考試上要比其他學生拿更高分」就很容易變成學生的目的，會出現平常不唸書但考試前臨時熬夜抱佛腳的狀況，另外要是有功課的話，「交出作業」則會成為目的，出現只去解決懂的問題，不懂的部分就放置一旁。

但學習原本應該是「把不懂的部分學會」才對，結果卻讓毫無意義的事情剝奪了孩子們珍貴的學習時間，尤其是交作業這件事，只是去完成被交付的部分，而不是由自己來做決定，會讓孩子因此對學習抱持著負面的印象。

無論是考試還是功課，都會出現違反「提高孩子的學習力」這個最優先目的的情況。所以麴町中學廢除了定期考試，取而代之是改為出題範圍有所限制的科目考試，並且還徹底改變制度，讓在科目考試中覺得分數不滿意的孩子可以重新再考一次，加上同時廢除了交作業這個規定，讓孩子們不得不去尋找自己該有的學習方法。

這些做法一一落實以後，孩子們的思考模式就會自動自發的變成「不懂的部分我想要去了解」、「因為考試沒考好，應該可以做更多努力」，會有很多人擔心在沒有定期考試也沒有功課情況下，孩子會變得不愛讀書，但這些不過都只是**大人的「不下指令孩子就什麼都不會做」多餘揣測**。

其實，引發孩子們學習欲望效果最好的，是科目考試的重考制度，要不要考試完全由孩子自己決定，並且是重考完以第二次考試成績為主，這樣的規定一出現，孩子們的大腦裡會發生什麼變化？會從跟同學比較分數高低的想法，轉變為想要贏過自己的第一次考試分數。

如果不滿意第一次考試結果，就會出現想要解決自己問題的念頭，會做各種思考去了解該怎樣把不懂的地方弄懂，或者是問同學、上網查、問老師、到圖書館查資料等，開始靠自己去嘗試各種可能性，當然在這段期間老師完全不會有做這個、做那個的任何指示。

一剛開始孩子們會很困惑究竟該做什麼才對，大部分的孩子都會在自己的小團體裡互相發問，或者找喜歡的老師問問題來展開，對大多數孩子來說這是非常特別的體驗，要是這樣就能夠解決問題，還可以一併學習到**「有問題時找人問就好」**這一點。

而這些體驗多重複幾次，就會出現「這一科雖然問同學就能解決，但是不知道有沒有數學教得更好的人呢？」像這樣，想要晉級自己讀書方法的小孩。

比方，會試著問好朋友「班上最會教數學的人是誰？」，要是跟這個孩子不熟，就會找共同朋友來幫自己提出要求等等主動去想對策，而事情要是能順利進行，孩子會因此學到了「有商量的對象真的太重要了，拓展人脈就能夠增加商量對象」，並且開始重複這樣的學習。

所以麴町中學的孩子升上三年級時，已經成為不必老師開口，大家也會主動互相學習的環境，來視察的人看到這樣的景象都會大吃一驚，可是要實現這樣的環境不是只有嘴巴說說而已，而是必須徹底地讓整個環境都放在注重學習過程上。

## 「模範」的威力

讓孩子們自由地去摸索出屬於自己的成長方法，還會出現積極活用心理學上稱為「模範」的孩子，所謂的「模範」就是好好地觀察並分析值得學習的對象，讓自己變得與範例更加貼近的一種行為或現象。

如同青砥先生也說明過的一樣，拿自己的理想模樣與現階段的自己去比較的行為，就是所謂的鳥瞰角度來看待自己，容易靠自己去鎖定問題，成長會因此更為快速的大優點。

不時會出現在電視上、東京的原田左官工業所，這是個想出師成為一名專業水泥匠人需要花上十年的業界，但只要進了這家公司兩個月時間，就能擁有到工地現場做事的技能，四年下來就可以成長到獨當一面。原田左官工業所以打破常識的超快速度在培育人才，靠的就是模範這個方式。

把自己塗水泥牆的作業過程全部錄影下來，再跟知名水泥匠的影片一邊比較一邊學習對方的動作，就這樣可以在最短時間內完全上手，這與一直以來應該是「沒有當很久的徒弟是碰不到工具的」、「看著老師的背影來學習」的職人世界觀截然不同。

當然也不是對所有的孩子們都要強迫使用這裡所推薦的模範方法，基本上最重要的就是去發現適合自己的方法，除非有孩子一直找不到方法的時候，才會需要提供「要不要試試看去模仿朋友記筆記的方法」這一類建議，最為要緊的部分正是能不能成為契機來以鳥瞰角度對待自己。

有在打網球的孩子一旦覺得——「想參考厲害的人的做法」的方式有效用時，不但會產生「錄下自己揮拍的樣子，來跟厲害的人比比看吧」的念頭，萬一經過比較還是不了解自己的問題，接著就會想到可以找能夠幫忙指出問題所在的人。將這些經驗用到了學校，孩子將來出社會以後一樣可以靠著這套方法，讓自己繼續成長下去。

## 將孩子沒注意到的表現訴諸言語

雖然這只是我的個人意見，但我認為老師的技能並非全靠專業知識量來決定，而是靠「選擇詞彙的能力」來定！越是認真對待孩子的老師，一定越能夠知道只是自己的一句話就能改變孩子的人生。

在自己還擔任老師時，一接近學期末為了成績單上該寫些什麼評語，每天晚上都要想到半夜，如果是對認真的孩子寫下「非常認真」，而靜不下來的孩子評語是「需要冷靜一點」的話，這樣的論點其實每個人都會寫。

可是這種時候我關注的部分是去讚美連本人都沒有注意到的部分，其實就算是大人也一樣，被人稱讚自己根本沒有發現的地方時，不僅僅會很開心，也會因此注意到這個部分，並且變成為個人獨有的特色。

當時還沒有所謂的腦科學專門知識，但實際上是已經創造出後設認知的契機了。

假設班上有總是靜不下來、上課時會突然走動、完全不聽老師的話的孩子，就算「應該要給他一點讚美」，可是腦海中馬上就會清楚浮現孩子在班上的模樣，恐怕每一位老師到最後都會是出口罵人了吧。

但是只要仔細去觀察那個孩子的行為，即使百分之九十九都是不恰當的行為，絕對還是會有那麼少數的一瞬間，他試圖想要控制自己去避免麻煩產生，只要老師能夠發現到這一點，像是有「偶爾會控制住自己，並且願意上課」的態度時，那就好好地去讚美這他百分之一的行為，那麼很有趣的是從下個學期開始，孩子的行為就會讓人改觀，而原本只是百分之一的頻率也會慢慢增加成百分之五、百分之十了。

在老師的期待下，孩子真的做出改變的效果，在教育心理學的世界中稱為畢馬龍效應（Pygmalion Effect，教師期望原理），與其說是「期待感」改變了孩子，不如說是因為新的「詞彙」進入大腦中，讓意識轉而關注這裡，讓孩子因此有所變化。

所以如果是用於**畢馬龍效應的詞彙，即使百分之百都是大人自己的期望也沒有關係**。

比方說，跟總是在班上鬧事的孩子母親進行雙方會談時，就算孩子沒有這樣，還是可以說「最近有比較穩重了？我覺得他有充分地意識到這一點了」，隔天再問孩子「媽媽有沒有跟你說了什麼？」時，孩子就會有點害羞地說「唉呀，不知道為什麼但是被稱讚了呢」，而我為了製造畢馬龍效應也會這麼說。「這樣啊，因為我告訴你媽媽，你最近開始會有意識地控制住自己，而實際上你也的確是成功做到了。」

這麼一來孩子就會有「唉呀！好啦，大概就這樣啦」的含糊回答，可是也從這一天開始能看到行為出現變化。

依照青砥先生的解釋，用語言來傳達連孩子本身都不知道的部分，這樣的行為可以讓孩子以全新的形象，去替換掉原本自己認知中的模樣，能夠同時讓兩件事情一起被點燃，只要能夠學習到「自己實際上原來是這樣的人」、「自己原來出現了這些變化」、「自己這些地方原來有被肯定」，孩子就真的可以朝這些方向去改變。

當然了，也會有完全相反的效果。

大人要是特意將本人自我形象中負面資訊一一說出來，那也會產生負向的畢馬龍效應，很可惜的是在日本教育界裡，全都是這樣的負面模式。

「小一新生症候群」等就是很經典的例子。

毫無疑問的，學校本來就會出現無法參與集體行動的孩子或者是坐不住的孩子，問題應該是出在無法接納發育特徵有差異孩子的學校機制上，但是當老師說出「你為什麼不能跟其他小朋友一樣好好坐著呢」的時候，那個孩子就會因此開始認定「自己是個連坐都坐不好的孩子」而自我否定。

所以我認為大人應該對語言的威力要有更多自覺才好。

## 人際糾紛是認識自己的機會

只要是人，就一定會有討厭的人或難相處的人，學校一個班級裡會集合三十、四十名學生，所以一定會有合不來的同學。

但是對孩子來說，卻常常會是巨大的壓力因素，無論大人怎麼解釋「將來出社會以後都是這樣」，孩子還是無法理解。

我也無數次成為有人際關係煩惱孩子的商量對象，而大多能讓孩子整個轉變念頭，也可以做為其他老師參考的衝擊性詞彙，就是「我不喜歡的，通常都是我在乎或我在意的」這句話了。

這也特別容易出現在親子之間，例如有著「自己有容易逃避挑戰事情的傾向」這般自卑心結的父親，一看到自家孩子的怯懦模樣就會立刻怒氣衝天罵人，究其原因還是在於容易代入自己的情緒。

但這時候如果有第三人說出「你這麼生氣，不就是因為你自己很在意嗎？」，就會從鳥瞰角度來看自己，從而容易去控制自己的情緒了。

這個道理對於中、小學生來說可能還有點困難，但是高中生的話就會馬上看得出來效果了。

而且這句話最好的地方就在於只要說過那麼一次，孩子以後每回在人際關係上碰到不耐煩的狀況時，就能夠想到「為什麼自己現在對這傢伙這麼的煩躁呢？」，願意以鳥瞰的角度來看待自己與對方。

每一次在人際關係中越是有衝撞或不愉快，越是能夠認識到自己。

## 老師或父母的後設認知能力該怎麼提升？

青砥先生也提出過，為了鍛鍊孩子的後設認知能力，就必須需要擁有後設認知大人的援助，我認為也的確是如此。

就算學校轉變成孩子們能自律學習的場所，但現在日本對老師只有傳授「指導」而非「支援促進自律」的方式，所以輔導人才可說是遠遠不足。

不過我對於這樣的現狀並不會覺得悲觀。

為什麼這麼說，因為無論是老師還是家長，只要能放棄將自己的思考方式強壓在孩子身上，轉換成為了每一個孩子的將來，自己應該能提供什麼樣援助的想法，每一天與孩子的接觸就會是最好的後設認知訓練。

而這個證據（說法可能有點誇張）就在麴町中學，雖然讓所有老師都了解到後設認知的重要性，卻完全沒有勉強他們去上與後設認知或輔導相關的課程研修。

由於是公立學校，所以老師職員的替換非常頻繁，但即使是新來的老師，跟隨著麴町的教育目標、方針和各種制度，只要有一年實務經歷，就能夠以鳥瞰角度看待自己，培養成能夠控制自己行為情緒的人才。

現在回過頭來看，當時我自己能夠提高後設認知能力，就是在成為老師以後養成了鳥瞰孩子們的習慣。

一開始因為還沒有什麼經驗，想要鼓勵孩子的時候，「做得好」、「你很努力了」這一類情緒性的詞彙我自己就很常使用，實際上孩子在聽到這些話的瞬間的確很開心，但我也有馬上發現孩子對這些話有喜歡也有不喜歡。

給孩子提供建議的時候也是一樣，有因為煩惱而鬱悶的孩子、有努力想要突破自己課題的孩子、有因為大人壓力而快要崩潰的孩子，在一個班級裡真的是每個孩子都有著各式各樣的課題，要是對著這些孩子擺出一副我都懂的說教臉孔，或者是連自己都做不到的加油打氣論調，我認為這些是無助於孩子們的成長的。

從此之後我對孩子所面臨的狀況，都盡可能地客觀、多角度去觀察，每一天都會思考能讓這個孩子成長的最合適詞彙有哪些。

當然有可能在傳遞完我的想法後就直接結束了，所以在讓孩子做事的時候，會想辦法從孩子的表情、說話、行為中獲得回應，如果光看表情還無法了解，還會採取傾聽的方式直接問「聽了老師說的，你自己怎麼想？」

不斷去重複這樣的事情，漸漸的不僅是孩子們的理解，對自己的理解（別人是怎麼看自己）也加深，可以感受到自己在選擇對孩子們使用尖銳詞彙的習慣日益改進中。因為這樣了解到語言威力的我，決定把這些話用在自己身上。

例如面對情緒容易激動的孩子，「現在要不要先冷靜一下，試著控制情緒呢？」說出這種上對下角度的台詞，還是因為與自己無關所以說得輕鬆，可是看到因為我說的話，有孩子稍微能夠控制住情緒，自己也會想到「那如果是我會怎麼樣？」，所以開始改變與同事們的對話方式。

二十幾歲時的我，對於原本自己所描繪的學校教育的理想與現實有落差，所以面對學校職員或前輩老師時，是相當的不耐煩；也曾經有過尖銳的批評，當時能夠鳥瞰事物的經驗還很淺，對於這些進行著不符合我理想中的教育的人們，根本完全無法接受。可是等到自己跟孩子們說「焦躁也沒有辦法解決問題」時，才猛然發現「情緒化的自己」而去重新做許多思考。

我確實感受到自己因為後設認知的建立，而提高自我控制能力，這要來自於兩個念頭的轉變。

一個就是我一直主張的**「回到最高目標」**想法，也就是說為了能夠達成「為了孩子」這個最高目標，就算有討人厭的老師，但是放任情緒與之發生衝突並非良策，而是會開始集中思考，要改變那個老師的想法，應該要採取什麼樣的行動會最有效。

另一個就是**「不將自己的理想加在別人身上，只要是人都還能開發出不同的可能性」**，採取新的開放心態。當時的我從對待班上反抗的孩子的經驗知道，我只要持續採取合適的行動，最後就能夠贏得對方的信賴。孩子本來就是不成熟的，要是對此情緒化就不是專業人士了。

這個想法我套用在面對上司或同事上，試著改變念頭「因為對方是上司就覺得他應該是如同自己想像的理想人物，這個想法也太過可笑了，首先應該是接受他現在的模樣」，從此之後在職場上因為人際關係產生的壓力就大幅減少。

就這樣持續進行摸索可幫助孩子成長詞彙的作業，相同的話語也會回到自己身上，而這些回饋的詞彙也成為客觀看待自己的訓練契機，行為也因此漸漸有所改變，要是還能夠產生好的結果，一定會「原來後設認知是這樣的啊，來多做一點看看」這麼想。

所以就先從鳥瞰孩子這部分開始吧！

## 效果好的就繼續、效果不好的就放棄

因為工作的關係，我一直會接觸到拒絕上課、選擇自學孩子們的許多家庭，事實上在這種時候，拜託父母親的方法也活用了後設認知，我覺得可以利用在各式各樣的狀況中，簡單來做說明吧！

要做的事情很簡單。

「要孩子做事的時候，把做得好跟做得不好的事情一一寫下來，由夫妻一起共同保管，請記得效果好的就繼續，要是效果沒有那麼好的就放棄」就這樣而已。

為什麼說這樣的方式會有效，因為某種原因使得有長期不上學孩子的家庭，在某種程度上來說，已經習慣待在這樣的狀態裡了，專用語來說就是「框架」或「結構」，在孩子一開始拒絕上學時，一定會尋找不去上課的原因。

然後自然是想著該怎麼樣除去原因好擺脫目前的狀態，可惜的是這些努力並不一定都會產生好的結果，大多只是讓事態更加惡化而已，因為會開始追究起原因的責任歸屬問題——究竟是誰比較糟糕？本人嗎？學校嗎？朋友嗎？還是母親或父親的哪一個人呢？孩子身邊所有的家人都陷入自責或責怪他人的情境，並且這些都對當事人帶來更多的影響，結果就是讓這樣的狀態（框架）更加固定下來。

想要擺脫這樣的狀態，就必須破壞已經穩定的結構，而這就稱為「重建」，但是在自己潛意識下每天所進行思考模式、行為模式，想要靠自己的力量去改變並非容易的事情，會需要有值得信賴的第三人的幫忙。

重建分為二階段，首先第一階段是要清楚地告訴父母親「停止責怪自己，或者是夫妻彼此互相指責」，就像本書不斷強調的一樣，「不反省」是後設認知的出發點。

其實拒絕上學不過就像是按錯了按鈕，跟父母的教育方式沒有太大關係，不過要是一個家庭裡父母平常就會怪自己怪別人的話，那麼孩子就容易會怪罪父母，大多都是因為這樣的原因讓事態越加僵化，所以首先就必須從打開僵局開始做起。

如果是經驗不足的學校心理諮商師，碰到這種場面雖然會試圖以「是媽媽過度干涉了吧」來釐清原因，但事態非但沒有解決，反而會因此更加惡化。

下一階段要請父母做的就是他們每天對孩子所採取的行動，應該是「效果好的就繼續、效果不好的就放棄」。先寫下會與孩子相處的場景，接著再寫下在這些場景裡，平常都會有些什麼樣的行動，然後再拜託父母把會造成孩子反彈的行為換成別種行動，等到下一次面談的時候，再來報告哪些有效、哪些沒有效。

對父母親來說，自己無論採取什麼行動都認為是好的，所以忽然被第三者否定的話肯定會不舒服，但是如果採取「效果好的就繼續、效果不好的就放棄」做法，就比較容易接受，而且依照這樣單純清楚的規則，就可以整理出自己的行為，無論是哪一個父母都能夠辨到的事情。

這麼一來，父母自己的行為就可以透過第三人角度來了解，實際上去為行動做出改變，最終重建完成的同時孩子也會出現變化，這個方法也同樣可以運用正處於此期的孩子身上。

結論就是大多數在家裡引起問題的孩子還是擁有滿滿的依賴心，幾乎所有的例子都是孩子很依賴父母，想獲得更多好的關注，卻又對父母所提供的關注覺得不滿，最後進入惡性循環。對於這樣的孩子必須讓他們學會自己做決定，也因此父母必須要重新以鳥瞰角度來審視自己的行動，在紙上寫下行動內容，以客觀的標準來重新檢視自己的教養方法，即使是不擅長後設認知的人也能夠馬上用得到。

【卷末】

# 靠後設認知營造的心理安全感

最近我（青砥）正以老師為對象，推出一個提高後設認知的工作室，處理的主題是心理安全感，請大家以──「對個人來說，什麼事物可以容易感受到心理安全感？」來做後設認知練習。

為了不逼迫孩子進入心理危險狀態，先決要件就是老師們首先要讓自己擁有容易創造出心理安全感的大腦，以這個理由展開討論。進行過多次討論以後發現效果非常好，現在也在思考未來還要針對孩子或親子為對象實施，接下來會將其中部分成果的概要公布出來，希望大家都能夠在家裡或職場等場所實踐看看。（對其他的有效方法，除了關注壓力以外，還有做為成長因素的努力等等，有興趣的人，請參考『HAPPY STRESS──壓力是進化你大腦的武器』這本書（SB Creative Corp.台灣由悅知文化發行）

## Step ① 寫下自己有心理安全感的部分

請寫出四十個可以讓自己平靜下來（或應該辦得到）的物品、事情、場所、情況、時間等。

只有二、三個的話很輕鬆就能寫出來，但一次四十個的話就不簡單了。需要拚命的回顧自己的日常或過去的體驗，有可能是黃昏的夕陽，有可能是一首歌，也有可能是走出家門時的清晨新鮮空氣等。能夠讓自己覺得心平氣和的元素一定五花八門遍布各個範圍，可是大部分的人都不會注意到，所以才會特別強烈要求這麼做。

最少要有四十分鐘好好想，有時間的話不妨就花一個小時列出來。

## Step ② 打上相對分數

寫完四十個項目以後，每一樣都要依照兩個標準來打上相對分數。

第一個標準是「強度Intensity」，「對於所寫下的詞句，能夠帶來多大的平靜」，以最高十分來分成十個等級評分，不過這時候面對只有一、兩分的項目，千萬別覺得這樣就價值很低，實際上能夠注意到這樣微小效果的個人狀態，才是最重要的部分。

至於另一個標準則是「可親性Accessibility」，對於該項目的平易近人度，這個則是分成五個等級打分數，例如有些人會覺得投宿溫泉旅館能讓自己平靜的人，每年一定得安排個好幾趟，這種時候就可以評價為一至兩分。

如果是看著自己孩子的睡臉或者喝杯咖啡就能平靜下來，這種每天都能夠接觸的事情，就可以是五分了。

## Step ③ 填寫表格

將強度以及可親性這兩項畫成表格，然後把能讓自己平靜下來的四十個項目全部填寫上去，因為要寫的東西挺多的，最好是拿大張紙或用白板等寫下來。

雖然是有點花時間的作業方式，卻能夠對大腦中的自己強力輸入「這些事情容易讓自己獲得心理安全感」的情報，可說是非常重要的一步。

填寫的訣竅就在於，每一個項目都要寫下當時的情緒。

「那時候被這個美景所拯救了」

「第一次買到這個的時候，真的是很開心」

找出過去的記憶一邊寫出來，可以在感情記憶的輔助下，留下更強烈的印象，而擅長畫畫的人不妨可以一邊加上簡單的插畫，可以更容易加深記憶。

## Step ④ 找出模式

在填寫完畢以後，就可以觀察整張紙所寫下的內容，把自己注意到的部分說出來。

相信就能因此找到如「都是強度很強的事情耶」、「與視覺相關的部分很多呢」、「依賴他人的部分相當多」、「都是食物耶」、「能夠輕鬆接觸到的東西比想向還要少」等等各式各樣的行為模式。

而這也正是後設認知，以鳥瞰角度看待自己，學習與自己相關的部分。

## Step⑤ 分享

在Step④階段裡自己做完結論當然也會有一定的效果，不過我的工作室重視的是接下來的分享這個步驟。

通常會舉辦兩、三次的分享會，透過分組方式來分享自己的地圖，再從小組成員身上獲得相關回應，當然在回應他人的結論時，嚴禁有任何負面發言。

只要討論過三次，大腦就能夠清楚記下來內容，而且要是獲得「很不一樣耶！」或「我非常能理解」之類的回應時，不僅能夠更加地拓展對自己的客觀角度，印象也會很深，最終就是能夠越發地認識到自己。

為了進一步讓記憶可以更加落實，一個星期後或一個月再做一次同樣的回顧會最理想，只要知道了自己的模式，就能夠建立起接收天線，而且透過分享會認識到別人的模式，也能因此獲得更多全新的發現，所以不妨在第二次分享時可以再增加一些項目。

# 結語

非常謝謝大家能夠看到最後。

認識了青砥先生、推辦研討會以來大約歷經了三年的時間，而匯集全國無數人才展開的研討會，也有大約兩年的時間，這些時日中讓我們深刻感受到，大人應該要在孩子的成長中徹底扮演從旁「援助的角色」，還有一件很容易就被忽略的事情，那就是學校的主角是孩子才對。

但是綜觀現在所有的學校，大人們都還是一樣試圖想成為主角。

比方說，目前全國學校都焦急地想要快速培育出優秀的老師，所以會頻繁地舉辦提高授課能力的研討會，雖然也的確針對授課能力有所精進磨練，但是這些事情對孩子們來說，還是只會有「那個老師教的很好懂」「這個老師就不行了」這樣的不滿，無論是確保孩子們的心理安全感，還是提高後設認知能力，亦或者是促進自律都沒有一項是相關的。

深刻地感受到即使是老師本身，也應該回到教育本質，從後設認知了解到自己初衷的重要性。

透過另一個研討會，更發現到學校營運多樣化的重要性。實際上這個研討會一直都在招募一般民眾來持續做研究，我們這些教育工作者應該一直都是接受傳統形式的教育，所以不會想去否定自己一路走來的經驗，會有著「現在我所能夠擁有的，全都是因為學生時代接受那個老師的斯巴達式教育」的想法。但我認為，在這樣的偏見下，只是與其他老師進行相關研究，不就會忽視掉原來教育應有的模樣嗎？

最終結果也如同我的預料。

有接受過去教育方式的一般民眾，也有是接受現在教育方式的孩子的父母一起參加研討會，現場就看到只有老師的研討會上所沒發現的課題，而且是接二連三地被提了出來，我認為一般學校的經營也應該像這樣有多方意見討論才對。

因此我從二〇二〇年四月起擔任私立橫濱創英中學・高等學校的校長以來，也進行了像在麴町中學時的大規模學校改革，而其中的一環就是計畫要建構起一個——包含監護人在內有許多外部人士日常也能參與學校經營——的制度。

這裡請讓我稍微分享自己的事情。

我現在有一個年紀還很小的孫女，因為自己生的兩個都是兒子，所以頭一次很有興致地觀察身邊的人如何教養女孩。一開始看起來會有點膽小，就算玩具放在眼前，自己可能也不會完全想都不想的去嘗試玩玩看，可是等到習慣以後，就會隨著自己的心情去一一挑戰新事物，會感到焦慮也會哭會笑，或是一臉驚奇的模樣，看著孫女充滿變化的成長非常有意思。

但是對於兒子夫妻來說就不是這麼回事了，他們無法像我們夫妻這樣樂在其中，對於女兒常常是會先預測到她的下一步，然後忍不住出手幫忙。

在這個資訊爆炸的時代下，只要上網就能夠查到滿滿關於孩子發育的相關情報，無論怎樣心知肚明不要去跟別人比較，但不需要的資訊還是會接二連三地出現，而這樣的資訊偶爾會讓人覺得擔憂也就很正常了。

當事人有需要的時候再給予幫助，不需要的時候就默默在旁邊守護，其實講起來時間不過就只是幾秒鐘的事情，為什麼會覺得出手幫忙就是為了這個孩子好？看著兒子夫妻倆對孫女的錯誤嘗試，讓我更加感受到如何順應孩子主體性的困難度，所以才寫了這本書。

這次在書裡所提到的「心理安全感」與「後設認知」的主題，要理解當中的概念並不困難，而且看完以後，除了學校制度的部分以外，沒有什麼是自己不能做的，尤其是「三句話」，我相信一定可以從明天開始就用得上。

最難的部分其實是實踐。

應該會有多人覺得「道理雖然都懂，但是要在孩子面前做得到嗎？」而感到不安吧，甚至還會有人很悲觀的認為，就算實際執行自己恐怕也無法依照所想去辦到。

但就像本書無數次提過的，就算產生不了反省或自我否定，那也沒有關係，因為這世上沒有完美的教育者，沒有完美的父母親，沒有什麼比為了一個無法到達的目標而自我毀滅更浪費的事情了。

最重要的事情是覺得現在的自己很OK。

然後是專注於現在這一瞬間自己能做到的事情，慢慢地、一點點地讓自己成長。

對教育或育兒感到困擾時，「好吧！這種事其他人一定也會覺得煩惱吧！」的理解就會是剛剛好。

在最後結尾，再一次感受到「遇見」的不可思議，因為不只是我，人的轉機或成長契機總是來自於偶然。

會想要將腦科學引進教育而開始研究，就是在二〇一七年二月二十四日青砥瑞人先生來到麴町中學，與我見面的這個契機，並且就在日本首相為了預防新冠肺炎感染風險，召開記者會要求全國所有小國高中以及特殊學校停課的前一天——二〇二〇年二月二十六日這一天，借用文部科學省講堂做研究發表會，我在這三年的時間裡持續不斷地研究，這段時日包括大阪市立大空小學第一屆校長的木村泰子女士在內，匯集了來自日本全國各地不同立場的人士。

對於既是經驗主義也是結果主義的日本學校教育，各式各樣的問題、惡習都希望透過腦神經科學最新研究的證據，從理論上來進行質疑。剛開始進行研究時，類似的憤怒情緒在各個不同的參加者內心的確存在著，但是隨著研究一一展開，參加的每一個人都會意識到這項研究其實是在研究自己，這也是為什麼研究主題到最後會鎖定在「心理安全感」以及「後設認知」的原因了，無論什麼事情都能討論的安心空間，能夠提高討論品質，然後是提高自己對自己的肯定感，還有透過別人的角度來重新檢視自己的經驗等。由此來提高自己的後設認知能力，透過一場場的研究，相信每個人都深有體會。

我們的研究其實不過只是急速進步中的腦神經科學的一小部分而已，但光是這樣就足以重新規劃日本的學校教育了，聽聞已經有企業培育人才或學校教育開始活用腦神經科學，因此強烈希望日本的學校教育界也可以持續進行實踐性研究，而且我的研究要是能夠派上用場會覺得很榮幸。

在二月二十六日舉辦的研究發表會上，雖然只不過是透過在麴町中學這單一一所公立學校裡，嘗試進行簡單校內研究的延伸實踐研究，但其研究意義獲得認可，並且獲得文部科學省出借講堂，可說是非常罕見的事例。雖然因為新冠肺炎疫情惡化而不得不取消，但是頭一次舉行線上開講，說得誇張一點簡直是一項個人奇蹟。回過頭來看，這項研究沒有大型預算，在無數義工的自願參加協助下才能進行，因此，必須特別向所有提供幫助的人說聲謝謝。

而研究發表會的內容全部在YouTube上免費公開，有時間的話不妨來看看。

https://youtu.be/ExSwZ-uC5ms

2021年4月　工藤勇一

後設認知×心理安全
培育次世代人才的關鍵要素

# 最高腦科學教養

**作者**工藤勇一、青砥瑞人
**譯者**林安慧
**主編**吳佳臻
**責任編輯**孫珍
**封面設計**羅婕云
**內頁美術設計**李英娟

**執行長**何飛鵬
**PCH集團生活旅遊事業總經理暨社長**李淑霞
**總編輯**汪雨菁
**行銷企畫經理**呂妙君
**行銷企劃專員**許立心

**出版公司**
墨刻出版股份有限公司
地址：台北市104民生東路二段141號9樓
電話：886-2-2500-7008／傳真：886-2-2500-7796
E-mail：mook_service@hmg.com.tw
**發行公司**
英屬蓋曼群島商家庭傳媒股份有限公司城邦分公司
城邦讀書花園：www.cite.com.tw
劃撥：19863813／戶名：書虫股份有限公司
香港發行城邦（香港）出版集團有限公司
地址：香港灣仔駱克道193號東超商業中心1樓
電話：852-2508-6231／傳真：852-2578-9337
**製版・印刷**藝樺彩色印刷製版股份有限公司・漾格科技股份有限公司
**ISBN**978-986-289-711-9・978-986-289-712-6（EPUB）
**城邦書號**KJ2061 **初版**2022年5月
**定價**420元
**MOOK官網**www.mook.com.tw
**Facebook粉絲團**
MOOK墨刻出版 www.facebook.com/travelmook


**國家圖書館出版品預行編目資料**

最高腦科學教養：後設認知X心理安全,培育次世代人才的關鍵要素/工藤勇一, 青砥瑞人作；林安慧譯. -- 初版. -- 臺北市：墨刻出版股份有限公司出版：英屬蓋曼群島商家庭傳媒股份有限公司城邦分公司發行, 2022.05
224面；14.8×21公分. -- (SASUGAS ;61)
譯自：最新の脳研究でわかった! 自律する子の育て方
ISBN 978-986-289-711-9(平裝)
1.CST: 親職教育 2.CST: 健腦法 3.CST: 子女教育
528.2　　　111005328